세상을 보는 시각이 달라지는
새로운 독서법

세상을 보는 시각이 달라지는

새로운 독서법

와타나베 야스히로 지음
최윤경 옮김 | 서승범 감수

두드림미디어

모처럼 샀는데 끝까지 다 읽을 수 없다.
집중력이 지속되지 않아 페이지가 넘어가지 않는다.
구입한 책이 자꾸 쌓여서 적독*이 된다.
열심히 읽었는데 내용이 기억나지 않는다.
빨리 읽고 싶은데 마음대로 되지 않는다.

책은 당신 자신을 위해 읽는 것이다.
지금까지의 상식을 내려놓고 새로운 상식을 손에 넣자.
여기서부터, 독서의 견해를 바꿔가자.

＊ 책을 사서 읽지 않고 쌓아두기만 하는 것 - 역자 주.

다 못 읽어도 된다.
집중은 끊어져도 된다.
적독해도 된다.
내용은 다 기억하지 못해도 된다.
읽는 속도는 신경 쓰지 않아도 된다.

당신 자신을 위해 읽는 독서법으로
독서가 더 즐거워진다.
그럼으로써 사물을 보는 방식이 달라진다.
어느새 인생이 바뀐다.

앞으로 펼쳐질 독서의 세계에
오신 것을 환영합니다!

혹시 독서에 대해 죄책감을 가지고 있는가?

독서의 의미는 '마음을 울리는 한 문장을 만날 수 있는가, 없는가?'에 있다.

'이 책을 읽어서 다행이다' 하는 생각은 마음을 울리는 한 문장을 만나게 됨으로써 생겨난다. 그래서 한 권을 읽는 데 몇 시간씩 들일 필요가 없다.

그런데 '이 책을 더 읽고 싶다', '이 책의 내용을 알고 싶다'라고 생각되는 책도 있을 것이다. 진심으로 그렇게 생각한다면 한 권에 몇 시간이 걸려도 괜찮다.

그렇다. 독서는 '자유'다.

하지만 이렇게 말해도 우리는 종종 독서에 죄책감을 느끼게 된다.

- 한 권 전부 다 읽어야 한다.
- 저자의 의도를 파악하며 제대로 읽지 않으면 안 된다.
- 읽었던 내용을 기억하고 누군가에게 말해야 한다.
- 빨리 읽고 싶지만, 속독은 부자연스럽고, 그렇게 빠르게 읽을 수 있게 되기까지는 시간도 오래 걸려서 안 된다.
- 독서는 일정한 시간이 필요하고 집중해야 한다. 손에 쥐면 바로 다 읽어야 한다(적독은 부끄럽다).

혹시 이런 죄책감을 느끼고 있지는 않은가?

이 책은 그런 독서에 대한 죄책감을 떨쳐내고 최신 뇌과학, 인지심리학 등의 학설부터 지금까지의 독서 상식과 삶에 대한 시각까지 바꾸는 한 권이다. 지금까지의 독서 접근법과는 전혀 다른 부분도 있기에 '신(新) 독서법'으로 받아들여 주길 바란다.

여기서 '신'은 여러 가지 의미를 담고 있다.

단순히 '새로운' 것이기도 하고, 그 밖에 진정성 있고(眞), 깊고(深), 신뢰(信)할 수 있다는 의미도 담고 있다. 덧붙여서, 영어로 'sin'은 '죄'고, 'syn'은 '함께'다.

지금부터 이 '신 독서법'에 관해 이야기해보겠다.

이 '신 독서법'에 관해 설명하기 전에 왜 내가 이런 제안을 하는지 궁금할 것이다.

나는 벤처기업을 창업하거나, 경영 컨설팅 등을 해주는 비즈니스를 하고 있다. 출범에 관여한 기업 중에는 상장한 기업도 있다.

이런 바쁜 와중에도 항상 책을 읽고 있다. 연간 독서 권수는 3,000권으로, 지금까지 2만 5,000권 이상의 책을 읽어왔다. 비즈니스서, 인문서, 공학서, 소설, 라이트 노벨, 만화책과 잡지까지, 거의 모든 출판물을 읽고 있다. 몇 년 전부터는 이북(e-book)으로도 읽고 있고, 책값으로 도내의 한 서점에서만 800만 엔 가까이 투자해왔다.

특히 뇌과학, 인지심리학, 행동심리학, 물리학 등 전문서, 논문 등을 참고해서 새로운 독서법을 만들어냈다. 수많은 책을 읽고, 독서를 연구하면서 알게 된 것이 있다. 그것은 앞으로의 시대에서 살아남기 위해서는 독서가 필수라는 것이다.

우리는 지금 시대의 전환기에 있다. 이는 누구나 알고 있을 것이다. 일본 역사로 보면 70년 간격으로 시대가 변하고 있다. 지금(2021년)으로부터 70년 전인 1951년에는 전쟁이 끝이 나고 샌프란시스코 강화조약이 체결되었다. 지금으로부터 140년 전에는 1881년에 메이지 14년의 정변이 있었다.

이 두 시대가 지난 후에 세상 사람들의 시각이 확 달라졌다는 것은 이미 알고 있을 것이다. 그렇다. 시대의 전환기에 우리에게 필요한 것은 지금까지와는 다른, 새로운 견해다.

새로운 시대에는 지금까지의 상식이 비상식이 된다. 반대로 지금까지의 비상식이 상식이 된다.

그리고 스스로 진실을 추구하고 확인해나가는 것이 더욱 필요한 시대가 된다.

책은 저자의 생각을 체험할 수 있는 도구다

그럼, 세상을 보는 시각을 바꾸기 위해서는 어떻게 해야 할까?

'사람의 이야기를 듣는다', '여러 가지 체험을 한다' 등의 방법이 생각날 것이다. 시간과 돈을 들이면 다양한 방법으로 가능할지도 모른다. 하지만 가장 손쉬운 것은 독서다.

실제로 내가 주재하는 독서 커뮤니티에서 '책 읽기의 장점'에 대해 설문 조사를 했더니 다음과 같은 결과가 나왔다.

- 저자의 경험을 대리 체험할 수 있다.
- 일상의 세계에서 비일상의 세계로 도피할 수 있다.
- 시대를 초월할 수 있다.
- 정리된 양질의 정보를 얻을 수 있다.

내가 생각하는 독서의 가장 큰 장점은 저자의 경험을 유사 체험할 수 있는 것이다. 책을 읽음으로써 작가의 시각이나 견해와 같은, 자신과는 다른 것을 손에 넣을 수 있는 것은 큰 이득이다.

게다가 책은 자신이 살아온 햇수보다 더 거슬러 올라갈 수 있는 유일한 방법이기도 하다. 책을 통해 시대를 거슬러 올라가 선인들의 지혜와 세상을 보는 시각을 익힐 수 있다.

'다른 사람의 견해를 아는 정도로 자신의 견해가 새로워진다고는 할 수 없다'라고 생각하는 사람도 있을 것이다. 실제로 나

세상을 보는 시각이 달라지는 새로운 독서법

역시 예전에 "그렇게 책을 많이 읽어봤자 의미 없어"라는 말을 많이 들었다.

하지만 지난 15년간, 많은 책을 읽은 후 느끼게 된 것이 있다. 읽은 책의 권수가 늘어날수록 내 안의 정보 판별과 인식 패턴이 쌓여가고 사물을 보는 시각이 달라졌다는 것이다. 그리고 보다 빠르게, 자동으로 원하는 정보가 들어온다.

그러면 세상을 보는 시각도 새로워지고, 자신이 하고 싶은 이야기, 자신이 앞으로 해야 할 일의 새로운 방향이 보이게 된다. 또한, 이러한 경향은 책을 점점 더 많이 읽으면 읽을수록 더욱 심화된다. 다양한 시각을 가질 수 있게 되는 것이다.

새로운 시대에는 답을 알기보다 물음을 찾는 것이 중요하다

지금까지의 시대와 앞으로의 시대는 무엇이 가장 다를까? 그것은 '답이 이미 존재하는가, 존재하지 않는가'이다.

지금까지는 좋은 대학에 가고, 좋은 회사에 들어가 좋은 노후를 맞이하겠다는 답이 이미 있었다. 그러나 이제 이 최고의 인생 모델이 사라지기 시작했다. 리먼 쇼크, 지진 재해, 신종

코로나 바이러스와 같은 사회적으로 큰 변동이 생기면, 어떤 삶의 방식을 취해도 정해진 답은 없다. 그 답은 배우는 것이 아니라 만들어내야 한다.

이미 있는 답을 아는 것보다 '새로운 물음'을 찾아 나름의 답을 도출하는 것이 중요해지는 것이다. 한 사람, 한 사람이 새로운 물음을 고찰하고, 한 사람, 한 사람이 새로운 답을 만들어가는 것이다. 그러기 위해서 요구되는 것은 어떻게 해서든 세상에 대한 시각을 바꾸고, 지금까지의 상식과는 다른 사실을 발견해내서 물음을 통해 다른 사람과 공명하며 행동할 수 있는 스킬이다.

책은 저자의 경험을 대리 체험할 수 있게 한다. 저자가 어떻게 묻고, 어떤 답을 도출하며 그 책을 만들어냈는지 체험할 수 있다. 독서는 그 과거의 사고 과정을 배우는 동시에, 자신과는 다른 사고, 세상을 보는 시각을 배울 수 있는 가장 좋은 방법이다.

그리고 지금부터 이야기할 독서법은 이미 있는 답을 찾는 것이 아니라 새로운 물음을 찾기 위한 독서법, 즉 '신 독서법'이다.

세상을 보는 시각이 달라지는 새로운 독서법

이미 있는 답이 아닌, 새로운 물음을 찾아내는 새로운 독서법은 앞으로의 시대를 살아내는 데 유리하도록 머리가 좋게 만들어준다. 여기서 '머리가 좋다'라는 것은 학력만을 말하는 것이 아니다.

사회에 나와 두각을 나타낼 수 있는 창의적인 발상을 할 수 있는 우수한 두뇌가 필요하다. 이미 성공의 형태가 정해져 있는 사회에서는 학력과 이성적으로 좋은 머리가 요구되었다. 그러나 앞으로의 불확실하고 변화가 심한 시대에는 좋은 두뇌가 중요해진다. 이 좋은 두뇌는 직관적이고 본능적이다. 올바름을 찾는 것이 아니라 살아남기 위해 스스로 묻고, 답을 찾아나가는 힘이다.

물론, 이런 머리만 옳다고 말하는 것이 아니다. 앞으로의 시대에는 본능이 우선인 두뇌와 지금까지 우리 사회에서 요구되었던 이성이 우선인 두뇌, 2가지 다 필요하다.

이런 우수한 두뇌를 지니기 위해서는 역시 독서가 제일 좋다. 그런데 막상 책을 읽으려고 해도 읽을 수 없는 사람도 많을 것이다. 그것은 통계 데이터를 통해서도 확인할 수 있다.

2018년도 문화청* 데이터를 통해 85%의 사람이 한 달에 세 권도 읽지 않는 상황임을 알 수 있었다.

책을 읽지 않는 사람이 늘고 있는 것은, 앞에서 이야기한 '한 권 전부 다 읽어야 한다', '읽었던 내용을 기억하고 누군가에게 말해야 한다', 혹은 '적독이 될 바에는 처음부터 시도하지 않는다'라는 죄책감 때문일 것이다. 또한, 이렇게 많은 정보 매체가 있는 세상에서 책을 읽는 것은 힘든 일이다.

동영상이나 음악과 달리 책은 그냥 버튼을 누르거나 스위치만 켜도 자동으로 즐길 수 있는 정보 매체가 아니다. 책은 스스로 주체가 되어 정보를 얻고자 하지 않는 한 얻을 수 없다.

하지만 독서에 대한 시각을 조금만 바꿔보면, 독서가 시간도 걸리지 않고 새로운 시점을 가르쳐주는 미디어라는 것을 깨닫게 될 것이다.

---

*문화청은 일본의 행정기관으로 문화의 진흥 및 국제문화교류의 진흥을 담당하는 곳이다. - 편집자 주.

세상을 보는 시각이 달라지는 새로운 독서법

독서 상식을 뒤엎는 '신 독서법'

자세히 이야기하기 전에, 앞으로의 독서의 새로운 상식이란 구체적으로는 어떤 것인지 간단하게 소개하려고 한다.

예를 들면 먼저, 읽을 시간이 없어서 쌓이게 되는 '적독'을 살펴보자. 새로운 상식으로는 적독은 전혀 문제가 없다. 잠재의식에는 정보를 전달하는 효과도 있고, 간단한 해결 방법도 있다.

다음으로, 한번 읽으면 잊어버리지 않았으면 좋겠다는 것 역시 내용을 읽고 잊어버려도 전혀 문제가 없다. 오히려 기억해내기 위한 훈련을 하는 것이 중요하다. 한번 읽은 후, 어떤 내용이 쓰여 있는지 기억하려고 노력하는 것이 더 기억에 남는다는 것을 알 수 있다.

첫 페이지부터 마지막 페이지까지 읽고 저자의 생각을 이해하려고 해도 언제나 도중에 포기하게 되는 경우도 있을 것이다. 이것 역시 괜찮다!

처음 읽을 때는 자신에게 도움이 되는 것부터 읽기 시작하는 것이 좋다. 왜냐하면 뇌는 '올바른' 것보다 '도움이 되는' 것을 기억하기 때문이다.

이 외에 지금까지의 독서 이미지가 죄책감을 느끼게 한 부분도 있다. 그러한 죄책감을 최신 뇌과학, 인지심리학의 학설을 기반으로 한 '신 독서법'으로 싹 사라지게 한다. 그리고 독서가, 인생이 더욱 즐거울 수 있도록 이야기하려고 한다.

이 책에서 이야기하는 '신 독서법'이란 다음과 같다.

- 독서는 3분 정도밖에 하지 않아도 OK, 하루의 시작에 만난 정보로 그 하루가 결정된다.
- 다 읽지 않아도 된다. 독서는 '자신을 위해서' 읽는 것이다.
- 대각선으로 읽는 것도 괜찮다. 키워드를 연결해서 읽는 것이 디지털 사회의 독서법이다.
- 긴 시간이 필요 없다. 휴식 시간에 잠깐잠깐 읽는 것이 훨씬 좋은 결과를 가져온다.
- 손가락을 이용하면 더 빨리 읽을 수 있고, 집중할 수 있다.
- 저자와 공명함으로써 다양한 견해를 가질 수 있게 된다.
- 책을 읽기 전도 중요하다. 호흡과 수분 섭취로 뇌를 활성화시킨다.
- 저자의 생각은 '~란'으로 찾아 접속사 등을 통해 예측하면서 읽는다.
- 단락의 플러스마이너스로 저자의 감정을 파악한다.
- 독서를 자신의 것으로 만들려면 피드백이 필수다.
- '~란', '굳이', '라고 한다면'에 숨겨진 마케팅을 읽어낸다.

세상을 보는 시각이 달라지는 새로운 독서법

어떤가. 지금까지의 독서 상식과는 다른 부분이 많을 것이다. 앞으로 이 '신 독서법'을 통해 새로운 시대를 살아가기 위한 '나름의 답', 다시 말해 '되고 싶은 자신'을 구축해나갔으면 좋겠다.

프롤로그의 마지막에 한 가지 제안하고 싶은 것이 있다. 이 책을 보면서 실천하면 좋을 것 같다고 여겨지는 것이 있다면 메모해주길 바란다. 그리고 메모해둔 것을 책 사이에 꽂은 후, 이 책을 책장에 넣어두길 바란다. 그러다 어느 정도 시간이 지난 후, 다시 이 책을 펼쳐보자. 지금 당신이 상상할 수 없는 당신이 되어 있는 것을, 그리고 새로운 세계가 펼쳐지기 시작했다는 것을 깨닫게 될 것이다.

마음을 울리는 한 문장을 발견함으로써 미래가 달라진다.
자, 새로운 미래를 위해 이제 페이지를 넘겨보자.

와타나베 야스히로

우리는 누구나 책을 통해 성장하고 싶어 하지만, 현실적으로 독서가 어려운 이유는 다양합니다. 책을 다 읽지 못해 좌절하거나, 읽다가 지쳐 포기했던 경험이 한 번쯤은 있을 것입니다. '신(新) 독서법'은 이러한 고민을 가진 모든 이들에게 새로운 희망을 제시합니다.

이 책의 저자 와타나베 야스히로는 연간 3,000권의 책을 읽는 일본 최고의 독서가로, 독서를 단순히 '정보를 얻는 과정'에서 '자신을 변화시키는 도구'로 승화시키는 방법을 설파합니다. 특히, 그는 뇌과학적 접근을 바탕으로 독서를 통해 창의력과 사고력을 확장하고, 불확실한 시대를 살아갈 새로운 무기를 제공하는 방법을 알려줍니다.

'신 독서법'의 가장 큰 매력은 "독서는 자유로워야 한다"라는 메시지입니다. 책을 처음부터 끝까지 다 읽지 않아도 좋고, 자신이 필요한 부분만 읽거나 관심 가는 부분에만 집중해도

세상을 보는 시각이 달라지는 새로운 독서법

됩니다. 중요한 것은 독서를 통해 자신이 원하는 지식을 얻고, 삶을 변화시킬 실마리를 발견하는 것입니다.

이 책은 독서의 새로운 정의를 제시합니다. 독서는 더 이상 저자의 의견을 단순히 이해하는 과정에 그치지 않습니다. 오히려 자신의 생각과 경험을 확장하고, 삶을 풍요롭게 만드는 과정입니다. 저자가 말하는 '자신을 위한 독서'는 독서의 진정한 가치를 다시금 일깨워줍니다.

이 책을 통해 독서에 대한 부담을 내려놓고, 자유롭게 읽으며 자신만의 방식으로 책과 소통할 수 있습니다. '신 독서법'은 독서가 단순한 지식 습득이 아니라, 자기 혁신과 성장을 위한 강력한 도구임을 보여줄 것입니다.

이제 책을 읽는 새로운 방식을 만나고, 삶의 질을 높이는 여정을 시작해보세요!
'신 독서법'은 여러분에게 더 나은 미래를 선물할 것입니다.

나홀로비즈니스스쿨 대표
비즈니스 트랜스포메이션 코치 **서승범**

| 차 례 |

Chapter 1
세상을 보는 시각을 바꾸는 '새로운 독서 지식'

Chapter 2
창의적인 능력을 길러주는 '신 독서법'

Chapter 3
논리적인 사고력을 기르고 머리가 좋아지는 '신 독서법'

Chapter 4
불확실한 시대를 살아나가기 위한 '신 독서법'

세상을 보는 시각을
바꾸는
'새로운 독서 지식'

뇌의 제한을 없애고
독서의 가능성을 넓혀라!

독서는 하는 것이 좋다고 생각한다. 하지만 그럼에도 독서에 대한 죄책감으로 가득하다.

모처럼 책을 샀는데 전혀 읽을 수가 없다. 집중력이 지속되지 않아서 끝까지 읽을 수 없다. 사놓은 책이 점점 쌓여서 적독이 된다. 열심히 읽었는데 내용이 기억나지 않는다. 빨리 읽고 싶은데, 빨리 읽을 수가 없다.

'해야 된다', '이렇게 해야 된다'
이런 식으로 생각하기 때문에 독서에 대한 죄책감이 쌓이는 것이다.

본래는 자신을 위해 책을 사거나 도서관에서 빌리거나 했을 것이다. 그러다가 정신 차려보면, '끝까지 못 읽어서 미안해요', '내용을 기억하지 못해서 미안해요', '책의 내용을 활용하지 못해서 미안해요', '눈물을 흘리지 못해 미안해요', '한 권을 다 읽지 못해서 미안해요', '적독이 되어버려서 미안해요' 등 마음이 죄책감으로 가득 차 책을 읽지 않게 된다.

솔직히 그렇게 할 수 없어도 상관없다. 그저 독서에 대한 '시각'을 바꾸면 된다.

변화하는 시대 속에서 중요한 것은 지금까지의 상식을 내려놓고, 새로운 상식을 손에 넣을 수 있느냐 하는 것이다. '이런 것이다' 하는 상식에 매달리는 한, 당신의 뇌는 제한에 걸린 채 발전하지 못한다. 그런데 사실 독서는 가능성으로 가득 차 있다.

덧붙여, 지금까지 많은 독서법이 생겨났으며, 이러한 방법을 가르쳐주는 책도 시중에 많이 나와 있다. 그런데 이런 책들은 다른 독서법을 부정하면서 시작하는 경우가 많다. 그래서 점점 죄책감이 쌓이게 되는 사람도 있다.

세상을 보는 시각이 달라지는 새로운 독서법

하지만 내가 오랫동안 연구한 결과, 어떤 독서법이라도 관점에 따라서는 다 장점이 있다. 그리고 지금까지 독서 모임, 독서 세미나, 속독 세미나에서 약 1만 명 정도의 많은 사람들을 가르치면서 알게 된 것이 있다.

바로, 독서는 읽기 전의 Before와 읽은 후의 After가 다르다면 그것으로 충분하다는 것이다. 읽고 나서 마음이 움직이거나, 한 걸음 내딛었거나, 당신 안에 무언가가 남거나, 읽기 전의 자신과 아주 조금이라도 바뀌었다면 그것으로 되었다.

어떤 식으로 읽든 상관없다. 이제 자신을 부정하는 독서법과는 헤어지자. 시각을 바꿔서 지금까지의 독서에 대한 죄책감을 없애자.

독서의 상식을 새롭게 전환하자

세상을 보는 시각이 달라지는 새로운 독서법

독서는 자신을 위해 하는 것이다!

독서는 크게 2가지로 나눌 수 있다.

먼저, '저자의 생각'을 이해하는 것이다. 첫 페이지의 첫 줄부터 마지막 페이지의 마지막 줄까지 넘기지 않고 구석구석, 직선으로 한 줄, 한 줄 읽어나가는 것.

지금까지의 학교 교육에서는 문장을 정확하게 이해하는 것을 요구해왔다. 그래서 그 책에서 저자의 생각이 어떤 것인지 조리 있게 이해하지 않으면 안 되었다.

그리고 소설이라면 문체를 즐기고, 리듬이나 템포를 즐기며, 그 세계에 빠져드는 것이 중요하다. 빨리 읽으면 안 되고, 시간을 투자해 정확히 이해하지 않으면 안 된다. 내용도 외우지 않으면 안 된다.

　이른바 독서라고 하면 이와 같다고 믿는 사람이 많다.

　다른 하나는, 나를 위해서 읽는 것이다. 책에서 무엇인가 하나라도 자신의 삶이나 일상에 유용한 것을 찾아낸다. 그리고 그 찾은 것을 실행하기 위해 노력하는 독서법이다. 다 읽지 않아도 되고, 마음에 드는 한 줄이라도 발견하면 충분하다. 사선으로 읽어도, 띄엄띄엄 읽어도, 키워드를 연결해서 읽어도 괜찮다.

　독서하는 시간도 하루 3분 정도부터면 된다. 몇 번이고 반복해서 읽어도 된다. 물론, 저자의 생각을 이해하는 것이 자신을 위한 것이라면 그것도 괜찮다. 아마도 '그런 것은 독서가 아니다'라고 생각하는 사람이 많을 테니, 이런 두 번째 방법을 이 책에서는 '신 독서법'이라고 하는 것이다.

　이 '신 독서법'의 첫 번째 목적은 그동안 저자의 생각을 이해하는 것과는 다르다. 당신을 위해서, 자기 자신을 위해서 읽는 것이다.

　　　　　　　　　세상을 보는 시각이 달라지는 새로운 독서법

2가지 종류의 독서란?

'저자의 생각'을 이해하는 독서

'나를 위한' 독서

'다 읽지 않아도 된다', '키워드를 연결해서 읽는다', '저자가 아닌 독자의 감정으로 읽는다.'

이러한 아이디어는 필자의 전작 《1권에 20분, 읽지 않고 이해할 수 있는 대단한 독서법(한국어판 : 1권에 20분, 읽지 않고 이해할 수 있는 대단한 독서법)》에서도 소개한 내용이다. '이런 것은 독서라고 할 수 없다!'라고 인터넷 서점의 리뷰에서 비판받기도 했지만, 이후에 이를 뒷받침하는 과학적인 논문이나 책이 다수 출간되었다.

그중 하나가 뇌과학 분야에서 매우 권위 있는 조지 워싱턴 대학교의 윌리엄 스틱스러드(William Stixrud) 교수가 발표한 것이다. 스틱스러드 교수는 "디지털 사회를 접한 우리의 독서 스타일은 지금까지의 직선적인 독서가 아니라 이제는 키워드를 연결해서, 필요한 부분만 읽는 독서로 변했다"라고 말한다.

캘리포니아 대학의 로스앤젤레스(UCLA) 교육정보대학교 대학원의 '난독증, 다양한 학습자 및 사회정의센터'의 소장 매리언 울프(Maryanne Wolf)도 "인간의 뇌는 변화해버렸다"라고 말하며, "지금까지처럼 천천히 문자를 따라가는 방법이 아니라 굉장히 빠른 속도로 눈동자를 이동하며 키워드를 찾는 방법으로 변화했다"라고 이야기한다.

지금은 시대가 변해 당신이 생각하고 있는 독서와 달라졌다는 것이다. 독서에 대한 관점을 바꿔서 독서를 더욱 가볍게 즐겼으면 좋겠다.

독서의 7가지 죄책감을 가지고 있지는 않은가?

죄책감을 버리면 어깨의 무게도 훨씬 편해질 것이다. 그동안 왜 그렇게 독서로 고생했는지 과거의 자신이 바보같이 느껴질 것이다. 독서란 본래 즐거운 것이다. 게다가 여러 가지를 효과적으로 배울 수 있다.

'그렇게 말해도 죄책감을 지울 수 없다'라는 사람도 있을 것이다.

독서의 전형적인 죄책감에 대해 여러 사람을 인터뷰한 후 정리해보니 다음의 7가지였다.

독서의 7가지 죄책감

죄책감 1 첫 페이지부터 마지막 페이지까지 읽다가 멈추면 안 된다.

죄책감 2 독서를 하려면 시간이 필요하다.

죄책감 3 읽어도 내용을 잊어버린다.

죄책감 4 저자의 생각을 올바르게 이해하지 않으면 안 된다.

죄책감 5 책에 밑줄을 그을 수 없다.

죄책감 6 적독이 된 책이 너무 많다.

죄책감 7 속독으로 읽고 싶어도 속독을 하면 안 된다.

당신은 이 중에서 몇 가지의 죄책감을 느끼고 있는가? 이제부터 이 죄책감을 '독서에 대한 새로운 상식'으로 바꿔보자.

'책은 다 읽지 않아도 된다.'

이렇게 말하면 '독서는 이런 것이다'라고 생각하는 사람들로부터 비판을 받을 것이다. 하지만 대부분의 인터넷 서점의 리뷰를 살펴보면 정말로 읽었는지 알 수가 없을 정도로 논지에 어긋난 비평이 눈에 띈다.

그래도 많은 사람들이 그런 비평을 바탕으로 그 책을 읽을지 결정한다. 책을 좀 더 쉽고 자유롭게 읽을 수 있게 되면 진위를 알 수 없는 정보를 참고하지 않아도 된다. 당신 자신의 결정은 누구에게도 좌우되지 않는다.

당신은 좀 더 자유롭게 당신에게 맞는 책을 선택할 수

있게 된다.

지금부터 새로운 상식의 독서법으로 바꿔보자!

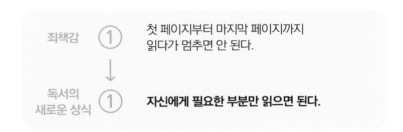

책을 한 번만 읽고 저자의 생각을 100% 이해한다는 것은 천재가 아닌 이상 불가능하다. 게다가 머리가 좋은 사람일수록 그렇게 읽지 않는다. 머리가 좋은 사람일수록 책 전체를 다 읽는 것이 아닌, 자신에게 필요한 부분만 읽는다. 낭비하는 시간을 줄이고 효율적으로 읽는 것이다.

예를 들어, 멘탈리스트인 다이고(Diago) 씨는 저서인 《지식을 다루는 초독서술》에서 "이 책의 분야인 기초지식을 충분히 익히면 읽어야 하는 부분을 판단할 수 있게 되어 내용을 예측할 수 있다"라고 말했다.

또한, 전 외무성* 주임분석관인 사토 마사루(佐藤優) 씨는 저서 《독서의 기법》에서 글을 읽지 않고 페이지 전체를 살피는 독서법으로, 한 권을 5분 동안 계속 페이지를 넘기면서 읽는 '초독서법'을 소개하고 있다.

당신도 자신에게 필요한 부분만 읽으면 된다.

당신을 조금이라도 행동하게 했거나, 한 줄이라도 참고할 만한 부분이 있었다면, 그 책은 꽤 괜찮았다고 할 수 있다. 좋은 책이라는 것은 자신의 지금 심정과 일치하고, 한 걸음 내디딜 수 있도록 등을 밀어주는 내용의 책이 아닐까.

비록 지금의 자신에게 전혀 도움이 되지 않았다고 해도 시간이 지나면 달라질 수 있다. 하루하루 쌓아가면서 문득 깨닫게 될 때가 있다. '그 책의 내용이 이런 것이었구나' 하고 나중에 좋은 책이라고 생각되는 경우 또한 존재한다.

독서를 하다가 모르는 것이 있거나 어렵다고 느껴도 된다. '모르겠다', '어렵다' 하는 감정과 만나기 위해 책이 있는

---

* 외무성은 일본의 행정조직으로, 우리나라의 외교부와 같다. - 편집자 주.

세상을 보는 시각이 달라지는 새로운 독서법

것이다.

자이가르닉 효과(Zeigarnik effect)라는 심리학 용어가 있다. 뇌는 모르는 것이나 어려운 것, 미완료의 답을 계속 찾고 있다는 것이다. 즉, 당시에 읽고 감동한 것보다 계속 몰랐던 것을 나중에 알게 되는 감동이 더 크다.

'집중해서 마지막까지 읽고 싶다. 하지만 집중력이 부족하다. 책 읽는 것이 느려서 한 권 읽는 데만도 몇 시간이나 필요한데, 책을 펼치고 나서 대체로 20분 만에 졸리다.'

괜찮다. 집중력은 없어도 된다. 애초에 사람의 집중력은 몇 시간이고 지속되는 것이 아니다. 밤에 자기 전에 책을 펴서 그 책이 수면제가 되어버리는 것은 지극히 정상이다. 사람은 10~40분이 지나면 자연스럽게 집중력이 떨어진다. 그 이상 시간을 들여도 소용없다. 들인 시간에 대한 보상이 너무 작다.

그러므로 지금부터 새로운 상식의 독서법으로 바꿔보자!

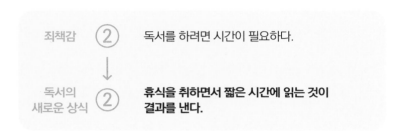

'그렇다고는 해도, 역시 집중해서 끝까지 읽고 싶다'라는 분에게는 25분 작업하고, 5분 휴식하는 '포모도로 기법(Pomodoro technique)'을 추천한다. 이는 이탈리아의 프란체스코 시릴로(Francesco Cirillo)가 개발한 것으로, 독서도 25분 정도 하면, 약간의 휴식을 취하는 것이 효과적이라는 것이다. 이러한 휴식을 겸하면서 하는 랜덤 학습은 효과를 배로 해준다.

랜덤 학습은 '아침 3분 독서'에서도 가능하다. 자세한 것은 Chapter 2에서 이야기하겠다. 또한, 하나의 방법을 반복하는 것보다 다양한 방법을 섞으면 사람은 지금까지의 방법에서 새로운 방법으로 조정하지 않을 수 없게 된다. 변화에 대한 기술을 발전시키고 개인의 학습 수준을 향상시킨다.

캘리포니아 대학 로스앤젤레스(UCLA)의 저명한 교수 로버트 비요크(Robert A. Bjork)는 학생들을 상대로 '50명의 이름을 외우는 실험'을 했다. 50명의 이름 중 절반은 외울 시간을 주고, 이어서 몇 번이고 테스트한다. 남은 이름은 딱 한 번 보여준 후, 테스트를 했다. 다만, 테스트 전 다른 수업을 중간에 끼웠다. 즉, 절반은 이름을 외우는 데 쓰게 하고, 나머지 절반은 중간에 방해한 것이다.

놀랍게도 30분 뒤, 시험을 치르자 학생들은 방해받은 이름을 10% 안팎으로 더 많이 떠올렸다. 일반적으로 속도, 정확도, 빈도, 편리성에서 좋은 연습을 하는 편이 학습 효과가 높다고 생각하기 쉽다.

물론, 무언가를 외우거나 습득할 때는 나름의 시간이 필요하다. 정해진 연습 시간에 한 가지 기술이나 지식에만 집중하면 가시적인 결과는 나온다. 하지만 어느 시점부터는 비례하지 않게 되어 성장에 한계가 생긴다. 정해진 연습 시간에 여러 가지 방법을 섞어서 진행하는 것이 학습 효과가 더 있다.

학습 중에 관련성은 있지만 다른 것을 꽂는 것을 '인터리브(interleave)'라고 한다. 인지심리학의 세계에서 인터리브란, 학습 중에 관련성은 있지만, 다른 무언가를 섞는다는 의미다. 음악 교사들은 이 방법을 예전부터 도입해왔다. 하나의 수업 중에 스케일 연습, 음악이론 공부, 곡 연습을 랜덤으로 조합해서 진행한다.

이 인터리브에 의해 뇌는 예상치 못한 사고, 예기치 않은 것에 강해진다.

내용은 잊어버려도 된다.
생각해내는 연습을 하면 된다

'한번 읽으면 잊지 않을 거야. 그 내용을 완벽하게 기억하고 싶어.'

하지만 실제로는 어떨까. 열심히, 확실하게 몇 시간이나 걸려서 읽었음에도 내용이 전혀 기억나지 않는다. 처음 몇 페이지의 느낀 점조차 말할 수 없는 경험을 해본 적이 있을 것이다.

하지만 읽은 내용은 잊어도 된다. 지금부터 새로운 상식의 독서법으로 바꿔보자!

죄책감 ③ 읽어도 내용을 잊어버린다.

독서의 ③ **내용은 잊어버려도 된다.**
새로운 상식 **생각해내는 연습을 하면 된다.**

　우선, '내용을 잊어버릴 정도의 책은 오히려 잊어서 다행인지도 모른다'라고 생각하자. 마음을 편안하게 갖는 것이 중요하다.

　기억에는 단기 기억과 장기 기억이 있다. 뇌에 들어간 정보가 저장될지는 해마가 판단한다. 해마에서 대뇌피질로 정보가 전송되어 저장된다. 설레거나 편안할 때는 세타파가 나온다. 그때 해마는 정보를 저장한다. 그래서 외우겠다고 극도의 부담을 느끼는 것보다 재미있다고 느끼거나 릴렉스한 상태에서 하는 것이 중요하다.

　게다가 외우고 싶다면 생각해내는 연습을 하면 된다.
　이런 학설도 있다. 워싱턴대학교 심리학과의 헨리 로디거

(Henry Roediger) 교수의 '검색 연습' 실험에서 한 피험자 그룹이 같은 문장을 4번 읽고 다른 그룹은 1번만 읽는 대신, 3번 생각하는 연습을 했다. 훗날 이 두 그룹을 추적 조사했더니 생각해내는 연습을 한 그룹이 훨씬 더 글을 잘 기억하고 있었다.

책을 읽었는데도 바로 기억나지 않는 것은 기억이 장기 기억화되지 않았기 때문이다. 그러므로, 처음에는 기억나지 않는 내용이 있어도 된다. 생각해내는 연습을 하면 '여기는 잘 모르겠다', '잘 생각나지 않는다' 하는 피드백이 일어난다.

좀처럼 생각나지 않지만, 열심히 생각해내려고 하면 거기에 감정이 생기고, 그것을 계기로 생각해낼 수도 있다. 읽었으면 일단 어디까지 외우고 있는지 기억해내는 연습을 해보자.

소설이라면 어떤 장면이 인상 깊었는지, 그때 감정은 어땠는지 생각해보자. 비즈니스서나 실용서라면 바로 써먹을 수 있는 것을 2~3개 말해보자. 이렇게 책을 읽고 생각나는 연습

세상을 보는 시각이 달라지는 새로운 독서법

을 반복하면서 기억의 단서를 만들기 쉬워지고, 당신은 읽은
책을 계속해서 떠올릴 수 있게 된다.

'독서라는 것은 한 문장, 한 문장 정확하게 읽고 저자의 생각을 제대로 이해하고 기억한다'라고 생각해서 '못하겠다'라고 고민하는 사람도 많을 것이다. 하지만 더 이상 그런 걱정은 할 필요가 없다.

저자의 생각을 올바르게 이해하고 기억하는 것은 뇌과학, 인지심리학의 관점에서 고도의 작업이다.

그러니까 새로운 상식의 독서법으로 바꿔보자!

죄책감	④	저자의 생각을 올바르게 이해하지 않으면 안 된다.
↓		
독서의 새로운 상식	④	**저자의 생각보다 자신에게 '도움이 되는' 것을 찾으면 된다.**

런던 대학의 교수이자 세계적으로 유명한 신경학자 뷰 로토 (Beau Lotto)는 뇌가 기록하는 것은 '올바른 것'이 아니라 '도움이 되는 것'이라고 말한다. 지각(知覺)의 구조를 배우면 우리의 뇌는 살아남기 위해서 올바른 정보가 아닌, 도움이 되는 정보를 기록하고 있다는 것을 알 수 있다.

또한, 스탠퍼드대학교 심리학과의 고든 바우어(Gordon Bower) 교수는 사람이 무엇을 기억하느냐에 따라 기분이 어떻게 영향을 미치는지 알아봤다. 바우어에 의하면, 기억이란 단순히 과거에 일어난 일을 정확하게 보고하는 것이 아니라 우리 각자의 세계관이나 이익에 맞도록, 일어난 일을 다시 선택하는 것이라고 말하고 있다.

그러므로 우리는 이제 저자의 생각을 제대로 이해하려고 하지 않아도 된다. 당신에게 '도움이 되는 것'을 찾아나가자.

무리해서 밑줄을 긋지 않아도 된다

머리가 좋아지는 계열의 독서법 책을 보면, 책에 밑줄을 그으면 기억에 잘 남는다고 쓰여 있다. 파란색 펜으로 밑줄을 긋거나 메모를 하거나 삼색 볼펜으로 선을 구분해서 읽어나가는 방법이다. 확실히 책에 밑줄을 긋는 것은 독서 속도를 빠르게 하거나 읽은 내용을 기억하는 데 효과적이다.

하지만 책에 밑줄을 긋는 것을 싫어하는 사람도 있다. 책은 언제나 새하얀 상태로 읽고 싶다는 것이 그 이유다. 또한, 책에 밑줄을 그으면 아깝다는 생각이 들기도 하고, 나중에 중고로 팔려고 해도 팔리지 않는다고 말하는 사람도 있다. 책을 판 돈으로 다시 책을 사고 싶다는 사람도 많기 때문이다.

책에 밑줄을 긋지 않아도 된다. 이제 새로운 상식의 독서법으로 바꿔보자!

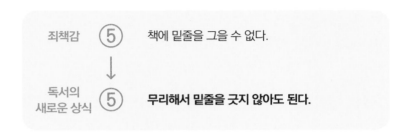

사실 책에 밑줄을 그음으로써 읽은 기분이 들어 실제로는 읽지 읽지 않게 된다는 학설도 있다. 뇌과학자 이케가야 유지(池谷裕二) 씨는 저서《능력 있는 어른의 공부 뇌 만드는 방법》에서 밑줄을 긋는 것이나 포스트잇을 붙이는 것으로 알게 된 기분이 드는 위험성을 지적하고 있다. 심리학에서는 '이해했다', '언제라도 생각해낼 수 있다'라고 하는 것을 '유창성의 환상'이라고 하며, 이는 깊게 이해하거나 기분을 오래 유지시킬 수 없다고 한다.

물론 책에 밑줄을 그어도 된다. 밑줄 긋기의 장점 역시 존재한다. 밑줄을 긋거나 메모를 함으로써 뇌에 '익숙함'을 남길 수 있다.

만약 당신이 읽은 내용을 기억에 남기기 쉽도록 하고 싶다면, 책에 밑줄을 그어도 된다. 책에 메모하는 효과에 대해서는 Chapter 4에서 자세히 이야기하겠다.

책을 새하얀 상태로 읽고 싶은 사람은 한 권 더 사는 것도 추천한다. 이런 말을 하면 싫어할 사람도 있겠지만, 이는 깨끗한 상태로 다시 읽고 싶다고 생각하게 만드는 책을 써준 저자, 출판사를 응원하는 셈이 되지 않을까.

왜냐하면 우리는 마음에 드는 영화는 상영 중에 여러 번 보러 가기도 하기 때문이다. 뮤지컬, 연극도 마찬가지다. 한 번 보고 괜찮으면 한 번 더 돈을 내는 팬도 있다. 반면, 책은 가성비도 너무 좋다. 몇 번을 읽어도 닳지 않고 내용도 변하지 않는다.

또한, 내구성이 탁월하다. 한 권의 책으로 몇 번이고 다시 읽을 수 있다. 시간이 지나면 정보의 신선함이 다소 퇴색될 수는 있어도 거기에 쓰인 내용을 그대로 읽을 수 있다는 점이 훌륭하다. 그래서 그 책을 더럽히면서 맛보다가 다시 필요해지면 한 권 더 사도 좋다고 생각한다.

서점에서 보고 읽고 싶어서 산 책, 상사나 친구가 추천해서 산 책, 엑스(구 트위터)나 인스타그램 등의 SNS에서 알게 된 책, 서점대상이나 아쿠타가와상, 나오키상* 등의 수상으로 화제가 되어 궁금해져 손에 쥔 책 등 책과의 만남은 다양하다.

손에 넣은 책은 한 권, 한 권 다 의미가 있다. 하지만 막상 책장을 펼치려고 하면, 좀처럼 시간이 나지 않아서 방치하게 된다. 혹은 산 직후부터 그 책을 읽고 싶은 마음이 점점 사라진다. 2주일이 지나면 사기 전의 그 기분은 어디로 갔는지 적독이 되어버린다. 쌓여가는 책을 보며 왠지 죄책감으로 가득 차게 된다. 이런 경험은 대부분의 사람들에게 있을 것이다.

＊ 아쿠타가와상은 일본의 소설가인 아쿠타가와 류노스케(芥川龍之介, 1892~1927)의 이름을 기념하는 일본의 가장 권위 있는 문학상으로, 신인 작가의 등용문이다. 또한 나오키상은 일본의 소설가 나오키 산쥬고(直木三十伍, 1891~1943)의 이름을 기념해서 대중문예의 신진 작가에게 주기 위해 제정된 상이다. - 편집자 주.

하지만 적독이 되어도 된다. 이제 새로운 상식의 독서법으로 바꿔보자!

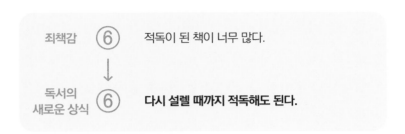

죄책감 ⑥ 적독이 된 책이 너무 많다.

↓

독서의
새로운 상식 ⑥ **다시 설렐 때까지 적독해도 된다.**

사실 책은 그냥 놓여 있는 것만으로도 의미가 있다. 책상이나 책장에 많은 책이 그저 놓여 있는 상태에서도 책등이나 제목을 볼 때마다 우리의 잠재의식에는 정보가 전달되고 있는 것이다. 비록 적독이 되어도 어느 날 손에 그 책을 잡는 것만으로 다시 읽고 싶어지는 기분이 든다.

물론 독서를 잘하는 사람일수록 사서 바로 읽는 경우가 많다. 나 역시 대형서점에 가서 책을 많이 사오는 날에도 돌아오는 전철이나 택시 안 등에서 읽다 보니 집에 도착하기 전에 다 읽게 된다. 책은 산 직후가 가장 새롭기 때문에 사자마자 바로 읽는 버릇을 들이는 것이 중요하다.

그럼에도 역시 적독이 되어버리는 사람도 있을 것이다. 그런 사람은 언젠가 그 책을 다시 손에 쥐어보면 좋다. 한 번 떠올려보자. 이사를 하거나 방 구조를 바꾸기 위해 방 정리를 할 때 나오는 책의 경우를 말이다. '버릴까' 하고 생각해서 손에 들고 책을 펼쳐보면 의외로 지금의 자신에게 필요하다는 생각이 들어 버릴 수 없다고 생각하게 될 때가 있을 것이다.

세계적인 정리 컨설턴트인 곤도 마리에(近藤麻理恵) 씨는《인생이 빛나는 정리의 마법(한국어판 : 곤도 마리에 정리의 힘)》에서 손에 쥐었음에도 설레지 않는 것은 버리는 것이 좋다고 말한다. 의외로 책은 손에 들고 책장을 넘겨보면 샀을 때의 설렘이 되살아나기 마련이다. 한번 그 책을 들고 펼치기만 해도 다시 읽고 싶은 의지가 생긴다.

적독이 되는 것은 결코 나쁜 것이 아니다. 당신이 무언가를 배우려고 노력하다가 결과적으로 쌓였다는 증거이니, 좋은 것이다. 그래도 적독을 정리하고 싶다면 책을 만지고 펼쳐보자. 페이지를 열어 보고 자신에게 필요하다고 생각되는 책이라면 남겨둔다. 그렇지 않으면 누군가에게 주거나 처분하자.

'책을 더 빨리 읽고 싶다. 하지만 속독을 하려면 어려운 트레이닝이 필요하고, 그렇게 읽어서는 내용을 이해할 수가 없기 때문에 하고 싶지 않다'라고 생각하는 사람도 많을 것이다. 최근에 속독을 부정하는 책은 다음 학설을 인용해서 쓰였다.

2016년 캘리포니아 대학의 연구팀이 과거 145년의 연구 데이터로부터 '속독은 가능한가?'에 대해 조사했다. 그 결과, 읽는 속도를 높이면 읽었다는 생각만 들 뿐, 내용의 이해도가 떨어진다는 것이다.

그런데 이 논문에 이상한 부분이 있다. 속독과 관련이 있는 '뇌파' 이야기를 하고 있지 않다. 학습에서는 뇌파가 중요한데, 왜 그런지 언급이 없다. 뇌파에 대해서는 뒤에서 이야기하겠지만, 기억해줬으면 하는 것이 있다.

앞에서 '독서의 새로운 상식 1. 자신에게 필요한 부분만 읽으면 된다'에서 책은 끝까지 다 읽지 않아도 된다는 것과 '독서의 새로운 상식 4. 저자의 생각보다 자신에게 '도움이 되는' 것을 찾으면 된다'에서 뇌는 '올바른 것'보다 '도움이 되는 것'을 기억한다는 새로운 상식에 대해 이야기했다.

처음부터 끝까지 읽을 필요도 없고, 저자의 생각을 제대로 이해하기보다 자신에게 도움이 될 수 있도록 읽는 것이 앞으로의 독서의 새로운 상식이자 '신 독서법'이다. 그래서 빨리 읽을 수 있어도 당신에게 필요한 부분을 이해하고 있으면 된다.

'속독을 하려면 트레이닝이 필요'하지만, 여기서는 새로운 상식으로 전환해보자.

세상을 보는 시각이 달라지는 새로운 독서법

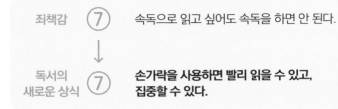

죄책감	⑦	속독으로 읽고 싶어도 속독을 하면 안 된다.
↓		
독서의 새로운 상식	⑦	**손가락을 사용하면 빨리 읽을 수 있고, 집중할 수 있다.**

예전부터 '안구식 트레이닝'을 활용한 속독이 있다. 사실, 이것은 문자를 빨리 읽기 위해서만이 아니라 뇌파를 컨트롤하기 위해서 진행된다. 알파파, 세타파가 학습에 좋다는 것은 아는 사람이 많을 것이다.

일반적으로 뇌파는 일상에서 일어나 있는 상태=베타파(12~23㎐), 심신을 편안하게 하고 높은 집중력도 가져와 학습에 최적인 상태=알파파(8~12㎐), 심신을 매우 편안하게 하고 해마를 활성화하며 기억력, 영감(靈感)과 통찰력, 창조성도 높여주는 상태=세타파(4~8㎐)의 3가지로 알려져 있다.

세계적인 능력 개발의 권위자 폴 R. 쉴리(Paul R. Scheele) 박사의 포토 리딩이라는 속독법도 안구와 호흡을 이용한 뇌파 컨트롤이 사용되고 있다. 폴 R. 쉴리 박사의 저서《포토 리딩(Photo Reading)》에서는 포토 리딩을 함으로써 학습에 최적인 뇌의 상태가 알파파에서 세타파의 중간 정도로 바뀐다고 말하고 있다.

바로 이 뇌파가 학습에 중요하다. 앞에서 이야기한 논문에서는 뇌파에 대한 언급이 없기에 나는 이 논문을 그대로 받아들이지 않아도 된다고 생각한다. 다만, 뇌파를 컨트롤할 때, 옛날 그대로의 안구식 훈련만으로 하는 경우는 1개월에서 1년 이상의 훈련이 필요하다.

그럼 안구식 속독법을 시간을 들여서 트레이닝해야 하느냐라고 묻는다면, 그렇지는 않다. 나는 내 세미나에서 최근 10년 정도 연구·조사를 실시했는데, 손가락을 가이드로 두는 것만으로도 안구식 속독과 같은 효과를 얻을 수 있다는 것을 발견했다.

물론, 손가락을 사용한 방법은 오래전부터 있었으며, 해외에서도 그 효과를 인정받고 있다. 가속 학습의 세계적인 전문가

짐 퀵(Jim Kwik)은 그의 저서 《LIMITLESS 초가속 학습(한국어판 : 마지막 몰입)》에서 "손가락을 사용해서 읽음으로써, 속독을 할 수 있다"라고 말하고 있다. 이처럼 손가락을 가이드로 사용하는 방법은 다음 챕터에서 자세히 소개하겠다.

독서가 느리다, 좀처럼 속도를 높여서 읽을 수 없다고 하는 사람은 손가락을 가이드로 사용해서 책을 읽어보자.

독서를 통해 얻을 수 있는 힘이 있다

지금까지 우리는 독서의 죄책감에 대해 검증해왔다. 조금은 죄책감이 줄어들고 독서의 자유를 되찾았는가?

우리는 책을 읽음으로써 얻을 수 있는 것이 있다. 그것은 다음의 5가지다.

① 정보의 '진(眞)실'을 확인할 수 있는 힘이 생기고, 사물의 골조를 구조적으로 알 수 있다.

② 사물을 '깊이(深)' 생각하는 힘이 몸에 밴다.

③ 자신을 '믿을(信)' 수 있는 힘이 생기고 자기 긍정감이 높아진다.

④ 저자와 공명(振)하며 '다양한 시각'을 가질 수 있다.

⑤ 자신을 '진(進)'화, '진(進)'보하게 하고, 새로운 아이디어

를 창출하며, 실행할 수 있다.

그리고 이 5가지 힘으로 지금까지와는 다른 견해를 가질 수 있는, 새로운 자신이 된다. 하나씩 자세히 이야기해보자.

① 정보의 진실을 확인할 수 있는 힘이 생기고, 사물의 골조를 구조적으로 알 수 있다

책을 읽으면 정보의 진실을 확인할 수 있는 힘이 생긴다. 책은 인터넷이나 SNS 등의 다른 정보매체보다 잘 정리되어 있다. 그것도 몇 년에 걸쳐 저자가 본질을 탐구하고 독자에게 그것을 전달하려고 노력한 것이다. 일상적으로 이 정보를 접하게 된다면 '정보의 본질은 무엇인지' 파악하기 쉬운 상태가 된다.

게다가 책은 독자에게 알기 쉽도록 저자나 편집자가 논리적이고 구조적으로 고민하며 자신들의 의견을 전달해주고 있다. 그것을 접함으로써 사회의 구조나 골조를 파악하기 쉬워진다. 그 결과, 옥석혼효*와 같은 정보 속에서도 속지 않고

---

* 옥석혼효(玉石混淆)는 훌륭한 것과 보잘것없는 것이 무질서하게 뒤섞여 있는 상태를 말한다. - 역자 주.

진의를 읽을 수 있게 된다. 책을 읽으면 읽을수록 자신을 지킬 수 있는 것이다.

② 사물을 '깊이' 생각하는 힘이 몸에 밴다

책은 무언가를 깊이 생각할 수 있는 계기를 안겨준다. 매리언 울프는 저서 《디지털로 읽는 뇌×종이 책으로 읽는 뇌(한국어판 : 다시, 책으로)》에서 독서는 뇌의 가능성에 영향을 주어 깊이 생각하는 힘을 기를 수 있음을 말하고 있다.

책은 자신의 고집, 관련된 사람, 사회, 세계의 일에 대한 지금까지 알지 못했던 생각을 깨닫고 깊이 생각할 수 있는 계기를 마련해준다. 저자의 의견에 공감하거나, 격려받거나, 때로는 반발하기도 한다.

생각이 바뀌면, 책을 읽는 법이 바뀌고 생각은 더욱 깊어진다. 그리고 읽는 법이 바뀌면, 생각도 바뀌고 더 깊이 생각할 수 있게 된다. 이 루프로 점점 사고가 깊어진다. 책은 사물을 깊이 있게 볼 수 있는 힘을 준다.

③ 자신을 '믿을' 수 있는 힘이 생기고 자기 긍정감이 높아진다

책은 당신에게 자신감을 준다. 당신이 어떤 어려움에 처해 있을 때, 책에 물어보면 그 고민과 문제에 대한 해결의 실마리를 찾을 수 있다. 무심코 서점을 둘러보다가 어떤 책을 집어 들었을 때 문득 펼쳐 본 그 책의 페이지에서 당신이 갖고 싶었던 정보가 있었던 경험, 혹시 있지 않은가? 당신이 이것저것 고민하고 생각하고 있던 것들이 책에서 한 문장으로 나타났던 경험 말이다.

그 한 문장은 당신의 자신감이 된다. '아, 이 저자와 똑같이 생각하고 있었구나' 하는 깨달음이 된다. 게다가 책을 많이 읽어나가면 많은 저자들조차 해결하지 못한 질문이 생겨난다. 그 새로운 질문이 당신을 더 높은 곳으로 데려간다.

④ 저자와 공명하며 '다양한 시각'을 가질 수 있다

독서의 가장 큰 장점 중 하나는 다른 사람의 경험을 '대리 체험'할 수 있다는 것이다. 다른 사람의 경험을 대리 체험하려면 다른 사람의 입장에 서서 그 기분이 들 필요가 있다. 그렇게 함으로써 다양한 견해나 사고방식을 얻을 수 있다.

그 결과, 저자가 경험을 바탕으로 얻은 지혜와 세상을 보는 시각 등을 통해 자신의 세계나 견해를 넓힐 수 있다. 또, 책이라는 다른 사람의 관점이 자신의 마음에 와 닿으면, 다른 여러 가지 것에도 마음이 닿게 된다. 그러면 상대의 의견이나 기분을 이해하고 받아들일 수 있게 되는 것이다. 나와는 다른 타인의 견해를 받아들임으로써 '이렇게 생각할 수도 있는 건가?', '이런 의견도 있구나'라며 새로운 삶의 방식을 발견할 수 있다.

⑤ 자신을 '진'화, '진'보하게 하고 새로운 아이디어를 창출하며 실행할 수 있다

독서를 하다 보면 좋은 일이 많이 생긴다. 당신의 머리에 입력된 정보나 사물이 연결되어 새로운 발상을 할 수 있게 된다. 그중 하나가, 아이디어가 대량으로 나오기 쉬워진다는 것이다.

대량으로 입력을 실시하게 되면, '머리'라는 컵에 많은 양의 물이 담겨 컵이 가득 찬다. 컵에 든 물이 가득 차면 넘치듯, 책이라는 정보를 담을수록 머릿속에서 여러 가지 연결이 생겨

나기 쉬워진다. 책을 많이 읽는 것은 새로운 아이디어를 창출하는 계기가 될 수 있다.

여러분이 독서로 이 5가지 힘을 얻었으면 좋겠다. 그것은 앞으로의 새로운 시대를 살아가기 위한 힘이 될 것이다.

다음 챕터에서는 '신 독서법'을 어떻게 해야 하는지에 대한 구체적인 방법을 이야기하려고 한다.

창의적인 능력을
길러주는
'신 독서법'

독서를 하기 전에 추천하는, 뇌를 활성화하는 간단한 습관

'나를 위해' 읽는 것이 '신 독서법'이다. 뇌는 옳은 것보다 도움이 되는 것을 기억한다. 그래서 다 읽지 않아도 되고, 몇 번에 걸쳐서 읽어도 되며, 반복해서 읽어도 된다. 앞에서 이런 이야기를 한 것이 기억나는가? 이어서 앞으로의 시대에서의 독서에 관한 새로운 상식에 대해서도 이야기했다.

여기에서부터는 좀 더 구체적으로 '신 독서법'에 대해서 이야기하고자 한다. 프롤로그에서도 이야기한, 창의적인 뇌로 단련하기 위한 독서법이다.

물론 여기서 제시하는 모든 것을 다 하지 않아도 된다. 자유롭게 스스로에게 도움이 될 만한 것들만 취해서 자신만의 '신 독서법'을 만들었으면 좋겠다.

그 전에, 독서나 학습을 시작할 때 효과를 높일 수 있는 기본적인 생활 습관을 소개한다. 그것이 다음의 4가지다.

독서의 효과를 높이는 기본적인 생활 습관

물을 한 모금 머금는다

느긋하고 편안하게 호흡한다

햇빛을 느낀다

방의 온도를 조절한다

여름 24도, 겨울 22도가 되도록 한다.

세상을 보는 시각이 달라지는 새로운 독서법

'물을 한 모금 머금는다.'
'느긋하고 편안하게 호흡한다.'
'햇빛을 느낀다.'
'방의 온도를 조절한다.'

'고작 이런 것들이 효과가 있다고?'라고 생각하는 사람도 있을 것이다. 그런데 언뜻 보기에는 상관없을 것 같은 이 행동들이 학습을 가속시킨다. 이 행동들은 인간의 뇌의 기능과 관계가 있다.

우리의 뇌에는 3개의 층이 있다고 한다. 복잡한 뇌의 기능을 설명하기 위해 1967년 미국 국립정신보건연구소의 폴 맥린(Paul Donald MacLean)이 다윈(Charles Robert Darwin)의 진화론을 뇌에 적용해서 발표한 것이다. '삼위일체 뇌'라고 한다.

간단히 설명하면, 뇌는 인간의 진화에 따라 3개의 층으로 나누어져 있다. 뇌의 가장 내부에 있는 뇌간이나 소뇌, 기저핵을 포함한 부분을 '파충류 뇌'라고 한다. 파충류에게도 거의 비슷한 것이 있기 때문이다. 이곳은 평형감각과 호흡, 소화, 심장박동, 혈압 등 동물로서의 기본 기능을 담당한다.

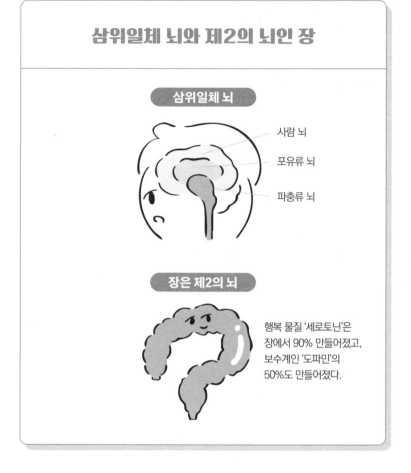

삼위일체 뇌와 제2의 뇌인 장

삼위일체 뇌

사람 뇌
포유류 뇌
파충류 뇌

장은 제2의 뇌

행복 물질 '세로토닌'은
장에서 90% 만들어졌고,
보수계인 '도파민'의
50%도 만들어졌다.

다음으로, 파충류 뇌인 대뇌기저핵 등의 바깥쪽에 있는 것이 대뇌변연계로, 간뇌와 합쳐 '포유류 뇌'라고 한다. 이것은 사회집단 속에 사는 포유류에도 있으며, 단기 기억과 장기 기

세상을 보는 시각이 달라지는 새로운 독서법

억의 해마나 감정을 담당하는 편도핵, 중계국에서 뇌간으로부터의 신호를 피질로 보내는 시상, 생식과 쾌락의 시상하부가 있다. 그래서 기억이나 감정 등을 관장한다. 마지막으로 '사람 뇌', 대뇌피질 중에서도 가장 새로운 대뇌신피질이 있는데, 이곳은 사고를 관장하고 있다.

여기에 더해 최근 연구에서 밝혀진 제2의 뇌로서 중요한 것이 '장'이다. 장과 뇌의 관계를 일컬어, '뇌장 관계'라고 한다. 사실 생물에서 가장 먼저 생기는 기관이 장이다. 그 때문에 뇌는 '장→파충류 뇌→포유류 뇌→사람 뇌'라고 하는 흐름으로 활성화된다.

두 번째 뇌인 장과 파충류 뇌는 생리적 욕구와 관련 있다. 또 행복 물질 '세로토닌'은 장에서 90% 만들어졌고, 보수계*인 '도파민'의 50%도 만들어졌다. 그렇기에 우선 장과 파충류 뇌를 채우는 물이나 빛, 심리적 안정이 중요하다.

---

* 보수계는 뇌 속에 있는 신경 영역으로 '보수'가 되는 특정한 자극을 보거나 듣거나 하면, 활성화된다. - 편집자 주.

뇌를 활성화시키는 습관

자, 일단 책을 읽기 전에 물을 한 모금 마시자.

물을 한 모금 머금는 것만으로도 뇌 활성을 돕는다. 이스트 런던 대학교와 웨스트민스터 대학교의 연구자에 의하면, 지적 작업에 집중하기 전에 약 0.5ℓ의 물을 마신 사람은, 마시지 않았던 사람에 비해, 반응 시간이 14%나 빨라진다는 것을 발견했다. 목마른 사람에게 실험을 시행했더니 더욱 효과가 있었다.

뇌의 80%는 물로 이루어져 있어 수분 부족이 뇌에 미치는 영향은 호르몬 불균형으로 이어진다. 그래서 약간의 수분 부족이 우리의 뇌 활성화에 큰 영향을 주게 되는 것이다.

세상을 보는 시각이 달라지는 새로운 독서법

호흡은 단전을 의식해서 실시한다. 단전은 배꼽에서 손가락 3개 정도 아래의 위치에 있다. 이 단전을 의식해서 숨을 입으로 '후~' 하고 내쉬고 코로 숨을 천천히 들이마신다. 숨을 내쉬고 들이마시는 것을 한 사이클로 해서 이를 천천히 1분간 10 사이클 이하, 4~6회 하는 것으로 뇌파가 바뀌고 의식과 집중력이 높아진다. 핵심은 날숨과 들숨의 길이를 일정하게 하는 것이다. 지금부터 시작해보자.

창가로 가서 햇볕을 쬐자. 사실 태양 빛을 쬐는 것으로, 우리는 비타민 D3를 체내에서 생성할 수 있게 된다. 비타민 D3는 면역력을 높이는 것으로도 알려져 있다. 게다가 혈액 속의 비타민 D의 농도가 높으면 인지기능이 정성적으로 유지된다.

또한, 미국 컬럼비아대 유전발달학 교수인 제럴드 카센티는 뼈에서 나오는 오스테오칼신이라는 물질이 기억력 향상에 관련 있다는 것을 발견했다. 이 오스테오칼신은 비타민 D3를 보급, 생성했을 때도 분비된다. 식물이 광합성하듯 우리는 햇볕을 쬠으로써 몸에 좋은 물질을 생성하고 있는 것이다.

온도를 적정하게 하는 것만으로 학습이 진행된다. 하지만 적정한 온도는 사람마다 다르다. 여성은 남성보다 기초대사량이 낮은 경향이 있기 때문에 추위를 느끼기 쉽다. 또한 계절이나 날씨의 영향으로 딱 맞는 정확한 온도를 지정하기는 어렵다.

나는 세미나나 워크샵을 할 때, 강연장의 집중력을 증폭시키거나 분위기를 띄우기 위해, 온도를 신경 쓰고 있다. 경험상 여름철은 24도, 겨울철은 22도, 그리고 습도는 40% 안팎을 기준으로 온도를 조절하고 있다.

거기에서 온도를 1도, 2도 낮추면 냉정해지고 사무처리 능력, 집중력이 올라간다. 반대로 온도를 1도, 2도 올리면 의사소통이 활발해진다. 여유로운 호흡에 물, 햇빛, 온도. 이것만으로도 당신의 뇌를 활성화시킬 수 있다. 이 중 하나라도 좋으니 지금 바로 실천해보길 바란다.

자, 그럼 '신 독서법'의 구체적인 방법에 대해 이야기해보도록 하겠다.

하루가 결정되는
'아침 3분 독서'

　세상을 보는 시각을 바꾸고 창의성을 높이는 간단한 방법이 있다. 그것은 아침에 일어나서 책을 한 권, 단 3분이라도 좋으니 읽어보는 것이다. 독서를 잘하지 못하는 사람도 책을 딱 펼쳤을 때 보이는 두 페이지 정도는 읽을 수 있을 것이다. 시간이 없다는 사람도 눈에 들어온 한 문장을 읽는 것 정도는 할 수 있다고 생각한다. 이 한 권, 3분으로 책의 전체 내용을 이해할 필요는 없다.

　고른 한 권의 책을 손에 집어 들고, "오늘 하루를 좋은 날로 만들고 싶은데, 그 힌트를 주세요"라고 말하며 활짝 펼친다. 그리고 그 페이지를 읽기만 한다. 이것을 아침에 일어나자마자 바로 한다. 그것만으로도 열린 그 페이지로

부터 의외로 하루의 힌트를 얻을 수 있다. 이는 과학적 근거가 있는 것이다. '아침에 본 정보에 따라 그 하루의 대부분이 결정된다'라는 인지심리학에서의 단골 실험을 응용한 것이다.

아침에 나쁜 뉴스를 보게 됨으로써 그날 하루가 안 좋아진다는 것은 인지심리학의 다양한 실험으로 알려져 있다. 그렇다면 아침에 들어오는 정보, 당신이 영향을 받게 되는 정보를 바꿔버리면 된다. 당연히 그 하루는, 그날 아침에 본 책의 페이지에 의식이 포커스되어 그 페이지와 같은 하루가 될 수밖에 없다.

처음에는 혼자 몰래 실시하고 있던 나 혼자만의 경험이었다. 이후 나의 온라인 살롱의 멤버 약 100명과 함께 이 실험을 해봤다. 그러자 어떻게 되었을까? 신기한 결과가 나왔다.

물론 약 100명 전원이 매일매일 읽지는 못했지만, 계속 이어간 20명 정도의 사람에게는 큰 변화가 생겼다. 심지어 1년이라는 긴 시간도 필요 없다. 3일간 계속하는 것만으로도 변화를 느꼈고, 일주일간 계속하자 여러 가지 이상한 동시성(synchronicity)이 일어났다. 그리고 한 달 동안 계속하자 3분 동안 독서를 시작하기 전에는 상상하지 못했던 일들이 일어나게 되었다.

- 그날 아침에 만난 아주 짧은 문장이 의외로 그날 몇 번이나 떠올라 인상적으로 머리에 남았습니다. 굉장히 짧은 시간에 할 수 있지만, 대단한 독서법이라고 생각하고 있습니다. (의료직 S.F 씨/30대)

- 아침 독서의 내용을 남편과 이야기함으로써 부부관계가 좋아졌습니다. (사무직 T.M 씨/30대)

- 과제에 대한 힌트를 얻을 수 있고, 상담 방식이나 업무 지시가 개선되어 성과가 나오기 시작했습니다. (사업개발직 무라카미 히데노리 씨/40대)

- 아침 독서로 3분 음독을 하고 있는데, 최근 일을 할 때 새로운 아이디어가 마구마구 생기고 있습니다. (대형 음

료 메이커 관리직 S 씨/50대)

- 적독의 죄책감이 해소되었습니다. 펼쳐진 페이지가 경영의 어드바이스가 되어주어서 매출도 잘 나오고 있습니다. (과자점 경영 신토미 테츠로 씨/50대)

아침 독서를 통한 변화를 보고해주는 사람이 많이 있다. 나 역시 굉장히 놀랐다.

지금까지 책에 수천만 엔이라는 금액을 쓰고 매년 3,000권 이상의 책을 읽었는데, 그동안은 책의 내용은 반드시 이해해야만 하고, 이해하기 위해서는 책 전체를 이해하는 것이 중요하다고 생각했다.

그러나 그것은 틀렸다. 단 3분의 독서라도 독서는 우리의 시각을 바꾸고 인생을 바꿔준다.

그러므로 인생을 바꾸기 위해 책 한 권을 통째로 읽지 않아도 된다. 저자의 의견을 이해하지 않아도 된다. 내용을 이해하지 않아도 된다. 전혀 문제없다.

세상을 보는 시각이 달라지는 새로운 독서법

물론 아침 3분 독서에서 공포 장르나 엽기적인 책을 읽으면 당연히 그런 영향을 받으니 주의하자. 실용서나 비즈니스서와 같이 일상에 구체적으로 도움이 되는 장르부터 시작하자. 물론 익숙해지면 소설도 시험해보자. 아침 3분 독서를 소설로 한다면 소설 같은 일이 일상에 찾아올 것이다.

오늘부터 당장 아침 3분 독서를 해보자. 그것만으로도 인생은 반드시 바뀔 것이다. 아침 3분 독서에 익숙해지고 책을 대하는 데 어려움이 없어졌다면, 읽는 시간을 서서히 늘리면서 책을 접해보자.

펄럭펄럭 넘기면서 쭉쭉 읽어나가는 3분 독서

우리는 뇌 구조상 생리적 욕구가 충족되거나 심리적 안전성이 느껴지는 것만으로 침착해진다. 앞에서 이야기한 파충류 뇌와 포유류 뇌가 채워지기 때문이다. 독서를 할 때도 마찬가지여서 안정감이 느껴지면 자꾸 읽고 싶어진다.

다만 여기에서 주의할 것이 있다. 저자의 의도는 어떻게 독자를 '우아!' 하고, 깜짝 놀라게 할 수 있을지다. 특히 프롤로그나 목차는 저자와 편집자가 '독자를 얼마나 놀라게 할 수 있을까?'를 생각하면서 만든다. 그런 독서를 시작하자마자 '깜짝 놀랄 만한' 문장이나 문구를 바로 눈에 담으면, 독자는 그 프레임에서 벗어날 수 없다. 그렇게 되면 마음이 급해지거나 심문을 당하는 듯한 압박을 느껴 읽어나가기 어렵고,

세상을 보는 시각이 달라지는 새로운 독서법

이는 결국 독서를 그만두게 하는 계기가 된다.

열심히 읽어도 말로 설명할 수 없기 때문이다. 이것은 파충류 뇌나 포유류 뇌가 깜짝 놀라버린 상태 그대로 독서가 진행된 결과로서 몽롱한 감정이나 죄책감이 남게 되는 것이다.

그렇기에, 첫 단계에서 해주었으면 하는 것은 프롤로그나 목차를 보는 것이 아닌, 우선 책을 '팔랑팔랑' 하고 넘기다가 '딱' 하고 펼쳐보는 것이다. 그리고 보이는 좌우 양면의 페이지를 3분간 읽어본다.

딱 펼쳤을 때, '맞아, 맞아!' 하고 동조하게 되거나, 자신을 격려하는 듯 '두근두근'하게 만드는 정보, 혹은 '역시!', '과연 그렇군!' 하고 말할 수 있는 정보를 만나게 되면, 그 책에 대한 친숙함이나 친근감이 생긴다. 게다가 '재미있다', '대단하다'라고 느끼며 페이지를 넘겨 앞으로 갈 수 있을 정도로 빠져들 수 있다면, 그 책을 더 읽고 싶은 마음이 생길 것이다.

물론 '딱' 펼쳤을 때, '우아!', '헉!'과 같은 충격적인 부분을 마주하게 되기도 한다. 그럴 경우, 바로 당장은 받아들일 수 없거나 '이 책 싫다'라고 생각하게 될 수도 있다. 그럴 때는 한 군데 더 열어보면, '아, 그런 전개로 진행되는 것이구나'라고 받아들이게 되는 경우도 있다. 만약 그렇게 되지 않으면 더 이상 그 책을 읽지 않아도 된다.

지금까지 좀처럼 책을 읽지 못했던 사람이나 읽었는데도 기억할 수 없는 사람은 꼭 실천해보길 바란다. 어쩌면 지금까지는 당신의 파충류 뇌가 깜짝 놀라 위축되어 도망쳐버렸던 것일지도 모른다. 앞으로는 펄럭펄럭 넘기다가 딱 펼치는 3분 독서로 파충류 뇌를 안심시켜주자.

세상을 보는 시각이 달라지는 새로운 독서법

'펄럭펄럭, 딱!'의 3분 독서

1페이지를 1초 만에 읽을 수 있다!
손가락으로 읽는 익스트림 리딩

디지털 사회가 되어 독서법 자체가 달라졌다고 앞서 이야기 했다. 이제 독서는 직선으로 처음 한 페이지부터 꼼꼼히 읽는 것이 아니라 키워드를 연결해서 읽는 것이 효과적이다. 대각선 읽기나 필요한 부분을 읽는 스키밍도 좋다.

독서 속도를 높이는 방법으로 추천할 만한 것은 손가락이라는 보조바퀴를 달고 읽는 방법이다. 검지를 페이지 위에 올려놓고 손가락으로 그냥 따라간다. 우리의 눈은 손가락이 향한 쪽을 따라가는 구조로 되어 있다. 이 손가락의 중요성은 공장의 유지보수 직원이나 역무원이라면 잘 알고 있을 것이다. 그들은 손가락으로 가시화해서 즉, '손가락으로 가리키면서 확인'하고 있다.

세상을 보는 시각이 달라지는 새로운 독서법

손가락으로 따라가며 읽는 것은 독서를 잘하는 사람뿐만 아니라 독서를 못하는 사람에게도 매우 효과적이다. 펼쳐진 페이지에 그저 손가락을 대고 빠르게 움직여보자. 책 페이지의 반 정도에 검지를 놓고 미끄러지듯이 페이지를 넘긴다. 그것만으로도 단편적으로 정보가 들어온다.

세로쓰기 책이라면 양옆의 오른쪽 페이지에서 왼쪽 페이지로, 손가락을 옆으로 움직이면서 넘어간다. 가로쓰기 책이라면 펼쳐진 양면의 왼쪽 페이지의 위에서 아래, 그리고 오른쪽 페이지의 위쪽으로 올라가 아래로 S자로 움직이면서 책장을 넘긴다.

이 방법을 활용할 때 중요한 것은 이 빠른 속도로 어떤 키워드가 내 안에 걸려 들어오느냐 하는 것이다. 잔상처럼 머리에 남은 말을 이어간다. 눈에 걸린 키워드를 머릿속에서 연결하면서 읽어나간다. 이런 독서를 '익스트림 리딩'이라고 부른다. 매초 1페이지 정도의 속도로 책을 읽는 것이 가능하다.

손가락으로 읽는 익스트림 리딩

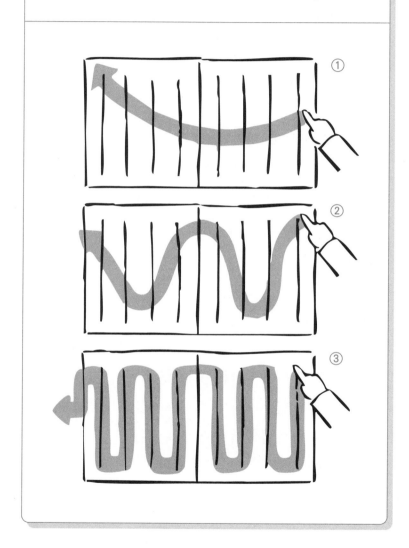

　　　　　　　세상을 보는 시각이 달라지는 새로운 독서법

그림처럼 이 익스트림 리딩에는 검지를 움직이는 방법 3가지가 있다. 순서대로 이야기해보자.

① 손가락 속독–신칸센* 스피드

먼저, 바로 앞에서 이야기한 방법인, 고속으로 페이지를 가로질러 가는 것이다. 그림의 ①번이다. 신칸센을 타고 있는 것처럼 잔상을 잡아나간다. 이때 중요한 것은 목적이다.

'무엇 때문에 읽는 것인가?', '자신에게 어떤 도움이 되는 것인가?'를 머릿속으로 계속 생각하면서 눈에 걸리는 것만을 쫓아간다.

예를 들어, 도카이도 신칸센을 타고 '후지산을 보고 싶다'라고 생각했을 때, 신오사카행의 경우, 오른쪽 창문을 주시하면서 가는 것과 같은 느낌이다. 도쿄를 출발해서 시나가와, 신요코하마, 오다와라를 지나며 오른쪽 창문을 보고 있으면 점점 후지산이 보일 것이다.

＊신칸센은 세계 최초의 고속철도 시스템으로, 도로와 항공편에 밀려 전 세계적으로 도태되고 있던 철도 교통을 새롭게 부활시킨 계기가 된 역사적인 철도 시스템이다. - 편집자 주.

물론 여기서 신칸센을 예를 들면 오른쪽 창문을 보고 있다가 시즈오카의 차밭이 보여 '차를 마시고 싶다'라고 생각하거나, 나고야에 도착해서 '나고야 성에 가고 싶다', '히츠마부시*를 먹고 싶다'라는 생각이 드는 것처럼, 다른 신경이 쓰이는 곳이 나오면 빠른 속도로 다음의 ②나 ③으로 갈아타는 것도 방법이다.

② 손가락 속독-보통 열차 스피드

신칸센의 빠른 속도보다 조금 천천히 읽고 싶으면 보통 열차로 갈아탄다. 보통 열차의 속도는 그림의 ②와 같이 단락 단위로 손가락으로 위아래를 따라간다. 시즈오카의 차밭이나 큰 호수인 하마나코의 풍경 등 나고야에서 교토까지의 풍경을 조금 전보다 느긋한 속도로 즐길 수 있다.

③ 손가락 속독-도보 스피드

보다 더 천천히, 차분히 보고 싶은 경우에는, 흥미가 생기는 역에서 내려 실제로 걷는 것도 가능하다. 주변을 걷거나 자전

---

* 히츠마부시는 나고야식 장어덮밥을 말한다. - 편집자 주.

거를 빌려 타고 다니면서 탐색을 한다. '후지산 등산을 한다', '천천히 차를 마신다', 나고야에 도착하면 '나고야 성에 간다', '히츠마부시를 먹는다' 등 여러 가지를 할 수 있다.

이 익스트림 리딩도 마찬가지다. 그림의 ③과 같이 행 단위로 손가락을 따라간다. 그리고 천천히 읽고 싶다면, 그 부분을 천천히 읽는 것도 좋다. 목적을 세우고 자신에게 도움이 되는 내용을 찾아간다. 물론 신칸센 스피드로 먼저 한번 쭉 훑은 후에 돌아와서 도보 스피드로 읽는 것도 좋다.

이러한 손가락 속독은 제대로 읽기까지 나름의 훈련이 필요하다. 키워드를 연결한 내용을 나중에 이성적인 읽는 방법으로 검증하는 것이 중요하다. 이것에 대해서는 Chapter 3에서 설명하겠다.

익숙해지면 매초 1페이지를 읽어나가는 스피드로 대략 200페이지의 경제경영서를 몇 분이면 다 읽을 수 있다. 소설은 30~60분 정도면 다 읽을 수 있을 것이다.

의도를 짐작하려면
'큰 글자'만을 눈에 담는다

  경제경영서나 실용서, 에세이 등을 읽을 때나 베스트셀러에 오른 책을 읽을 때는 일본의 경우 한자나 굵은 글씨에 주목해서 읽으면 좋다. 여기서 '한자에 주목한다는 것이 어떤 의미지?' 하고 궁금할 수도 있다.

  잘 편집된 책일수록 이해하기 쉽도록 한자와 히라가나, 숫자, 알파벳으로 된 한 문장이 균형 있게 들어가 있다.

  이나모리 가즈오(稲盛和夫)의 저서《삶의 방식(한국어판 : 어떻게 살아야 하는가)》에서 한자만을 눈에 담아보자.

어떤 일(物事)을 이루려면 스스로 탈(自ら燃える) 수 있는 '자연성(自燃性)'의 인간(人間)이어야 합니다. 나(私)는 이것을 '스스로 탄다(自ら燃える)'라고 표현(表現)하고 있어요.

(物事をなすには、自ら燃えることができる「自燃性」の人間でなくてはなりません。私は、このことを「自ら燃える」と表現しています。)

어떤 일, 스스로 탄다, 자연성, 인간, 나, 스스로 탄다 등의 표현이 눈에 담길 것이다. 그리고 이 문장에서 중요한 것은 '자연성'이다. 이처럼 히라가나보다 한자가 문장 안에서 더 두드러지기 때문에 한자만 읽으면 저자나 편집자의 의도를 짐작할 수 있다.

반대로 한자만 읽어도 전혀 통하지 않는 경우가 있는데, 전문서의 경우가 그렇다.

거울 뉴런의 발견은 관념운동 적합성 원리의 재구축 가능성을 시사한다. 공통의 표상 영역은 추상적이고 감각 양식과는 무관한 것이 아니라, 시각 정보를 잠재적 운동행위로 직접 변환하는 메커니즘이라고 보는 것이다.

(ミラーニューロンの発見は、観念運動適合性原理の再構築の可能性を示唆している。共通の表象領域は、抽象的で感覚様モダリティ相とは無縁のものではなく、視覚情報を潜在的運動行為に直接変換するメカニズムであると考えるのだ。)

이 글은 이탈리아 파르마대학의 신경경심리학자인 자코모 리졸라티(Giacomo Rizzolati)가 쓴 《거울 뉴런》의 발췌문이다. 그런데 문장에 한자가 너무 많다. 한자에 주목해서 읽으려다 보면 관념운동, 적합성 원리, 감각 양식, 잠재적 운동행위 등의 전문용어를 몰라 하나하나의 단어에 그치고 만다.

하지만 멈추게 된다고 해도 그 부분은 나중에 시간을 갖고 차분하게 천천히 읽으면 된다.

여기에서는 이성적으로 검토할 시간을 가지면서 모르는 것에 주목하기보다는 속도를 높여 읽어나가는 것이 중요하다.

무작위로 여러 가지를 읽으면 기억에 남는다

뇌는 새로운 것을 좋아하고 호기심으로 가득 차 있다. 뇌는 항상 새로운 무언가에 반응하고, 태어나서부터 죽는 순간까지 끊임없이 무언가를 배우고 변화한다. 다만, 이것은 양날의 검이기도 하다.

만약, 새로운 경험이 없고 같은 방식이 고착화되면 뇌도 고착화되고 변화하기 어려워진다. 그렇기에, 뇌는 단번에 학습하는 것보다 기간을 두고 분산해서 학습하거나 접근법을 바꾸면서 학습하는 편이 오래 기억할 수 있고, 더 빠르게 학습을 진행할 수 있다.

마찬가지로 독서도 한 번에 읽는 것보다 기간을 두거나

접근법을 바꿔보거나 여러 가지 읽는 방법으로 무작위로 읽는 것이 더 기억에 남고 학습도 진행된다.

독서에는 여러 가지 방법이 있다. 전 외무성 주임분석관인 사토 마사루 씨도 《독서의 기법》에서 다양한 제안을 하고 있다. 예를 들어, 그는 책을 간단하게 '쉽게 읽을 수 있는 책', '시간이 웬만큼 걸리는 책', '굉장히 시간이 오래 걸리는 책'의 3가지 종류로 나누고 있다.

그리고 읽지 않아도 되는 책을 추려내면서 한 권에 30분이면 읽는 '보통 속독', 문장을 읽지 않고 페이지를 넘기면서 한 권에 5분이면 읽는 '초속독' 등을 소개한다.

또한, 숙독의 방법으로 책 가운데쯤 되는 페이지를 읽어보는 것과 샤프펜슬로 표시하면서 읽는 방법, 책에 박스를 치고 이를 공책에 옮기는 방법을 소개하고 있다.

이처럼 접근법을 바꿔가며 학습을 하는 것이 매우 효과적이라는 것은 뇌과학 연구에서 밝혀졌다.

세상을 보는 시각이 달라지는 새로운 독서법

〈뉴욕타임스〉 과학 담당 기자인 베네딕트 캐리(Benedict Carey)는 《뇌가 받아들이는 공부법(한국어판 : 공부의 비밀)》에서 "단순한 반복 학습은 오히려 효율이 떨어진다"라고 말한다.

1부 기초 이론의 2장 '학습의 새로운 이론'에서, 정해진 시간에 여러 가지를 학습하거나 다른 접근법을 섞는 것이 학습 진행 속도가 빠르다는 것과 다른 것을 중간중간 꽂는 '인터리브'에 대해 이야기했다. 이런 분산학습으로 접근법을 바꿔 학습하거나 기억의 단서를 남기는 등의 방법이 뇌에 적합하다.

대각선 읽기, 띄엄띄엄 읽기, 페이지 읽기··· 접근법을 바꿔 시험해보자

접근법을 바꿔 읽는 방법에 앞서, 먼저 앞에서 이야기한 삼위일체 뇌를 의식해 호흡을 느긋하고 편안하게 하고, 물을 마시는 생리적 욕구를 충족시키는 것이 중요하다.

또한 '3분 독서'에서 이야기한 자신을 격려해주는 듯한 '역시!', '과연 그렇군!'이라고 느끼게 되는 문장을 발견해서 승인 욕구를 충족시킨 후에 시작한다는 접근법도 좋은 효과가 있다.

다만 3분 독서와 같이 짧은 시간 만에 읽고 이해를 하지 못했을 때는 이성적인 뇌를 충족시키는 독서 방법으로 확인하는 것이 좋다. 이성적인 뇌를 충족시키는 독서 방법은 Chapter 3에서 자세히 다룬다.

세상을 보는 시각이 달라지는 새로운 독서법

여기서는 접근법을 바꿔서 읽기 위해, 지금까지의 독서법 중 효과적인 것 몇 가지를 소개한다.

- **사선 읽기** : 양쪽 페이지를 비스듬히 읽어나가며, 궁금한 부분만 자세히 읽는다.
- **띄엄띄엄 읽기** : 자신이 원하는 정보만 읽고 불필요한 부분은 건너뛴다.
- **페이지 읽기** : 글자를 보지 않고, 페이지 전체를 읽으며 일단 페이지를 넘긴다.
- **목적 읽기** : 목적의식을 가지고 책을 읽는다.
- **자 읽기** : 자를 대고 천천히 읽는다.
- **삼색 읽기** : 객관적으로 중요한 부분은 빨간색, 객관적으로 나름대로 중요한 부분은 파란색, 주관적으로 중요한 부분은 초록색으로 선을 그으며 읽는다.

여기에 든 예는 일부지만, 당신에게 잘 맞을 것 같다고 느껴지는 것을 시험해보길 바란다.

Chapter

3

논리적인 사고력을 기르고
머리가 좋아지는
'신 독서법'

머리가 좋은 것에는 '학력계'와 '사회계', 두 종류가 있다

'머리 좋은 사람' 하면 어떤 사람이 떠오르는가. 일반적으로는 크게 다음의 2가지로 나눌 수 있을 것이다.

- 학교에서 시험 점수가 높은 사람
- 사회에 나갔을 때의 지도력이 좋은 사람

인지심리학에서는 학교에서 시험 점수가 높은 등 머리가 좋은 것은 이성, 사회에 나가서 발휘되는 머리가 좋은 것은 본능의 영역이 우위라고 한다. 즉, 정확성의 영역이 '이성'이고, 창의적인 영역이 '본능'이다. 이는 인지심리학자 다니엘 카너먼(Daniel Kahneman)의 이론에 근거하고 있다. 다니엘 카너먼은 사람의 사고에는 빠른 사고의 '시스템 1'과 천천히 이성적인 '시스템 2'의 2가지가 있다고 한다.

아직 '창의적인 우뇌와 논리적인 좌뇌'라고 불리기도 하지만, 그것은 과거의 이야기다. 이제 뇌의 부위가 주목받고 있어, 사고 프로세스의 '본능'과 '이성'이 중요해진다. 이 책에서도 이것에 주목해서 이야기해나가려고 한다.

앞으로의 시대에서는 이 2가지 사고 프로세스를 활용하는 것이 중요하지만, 조금 어렵게 느껴지기도 한다. 그럼, '본능 군'과 '이성 군'으로 이야기를 상정해서 상상하며 자세히 알아보자.

'본능 군'은 아주 개구쟁이 아이다. 무언가를 발견하면 호기심으로 가득 차 머리로 생각하지 않고 본능대로 행동한다. 이를 인지심리학의 세계에서는 패스트 싱크, '시스템 1' 등으로 부른다.

'이성 군'은 정확성을 추구하는 느린 캐릭터다. 이것이 맞았는지 틀렸는지, 잘못된 것은 아닌지 확인하며 천천히

세상을 보는 시각이 달라지는 새로운 독서법

정확성을 요구한다. 이를 인지심리학의 세계에서는 슬로우 싱크, '시스템 2' 등으로 부른다. 이 기능은 훈련하지 않는 한 어느 한쪽이 다른 한쪽보다 우세하다.

당신이 만약 하고 싶은 일을 척척 솔선수범할 수 있는 사람이라면 본능 군이 우위인 사람이고, 맞는지 틀리지 않았는지 확인하며 옳음을 추구하는 사람이라면 이성 군이 우위가 된다.

독서로 본능과 이성, 양쪽 다 갈고닦는다

프롤로그에서 앞으로의 세상에서는 좋은 대학에 들어가서 좋은 회사에 들어가 좋은 노후를 맞이한다는 '답'은 붕괴되었다고 이야기했다.

지금까지는 이성 군만이 머리가 좋다는 평가를 받곤 했다. 하지만 앞으로 '머리가 좋다'는 것은 '답을 아는 것'보다 '새로운 물음을 찾을 수 있다는 것'에 있다. 그러기 위해서는 본능도, 이성도 중요하다.

진정으로 우수한 사람일수록 본능 군과 이성 군의 사이가 좋다. 우선, 본능 군과 이성 군이 조화를 이루고 있으면 의사결정이 원활하다.

본능 군과 이성 군, 둘 다 중요하다

본능 군

• 하고 싶은 것을 바로 해버리는 타입

이성 군

• 정확함을 확인한 후에 행동하는 타입

이성적으로 '이것이 옳은 것인가?' 싶을 때, 본능적으로 일단 해보면 의사결정을 빠르게 할 수 있다. 반대로, 본능적으로 '이거 괜찮을지도…'라고 생각한 것을 이성적으로 어떤 식으로 하면 좋은지 설명할 수 있다. 그러기 위해서는 본능 군과 이성 군, 양쪽 다 갈고닦는 것이 중요하다.

영국 옥스퍼드 대학의 심리학자, 일레인 폭스(Elaine Fox)도 "뇌 속의 오래된 영역에 있는 '쾌락 중추'와 대뇌피질에 있는 근대적인 '제어 중추'와의 역학관계는 한쪽이 인간을 행동하게 만들고, 다른 한쪽이 그러한 충동을 억제하는 매우 미묘한 관계성이다. 양쪽의 균형이 잡혔을 때 이 회로는 행복과 긍정을 향해 우리를 이끈다"라며 두 균형의 중요성을 밝혔다.

본능적인 요소를 갈고닦으려면 빨리 여러 가지 새로운 일을 하고 무언가를 발견해서 호기심을 채워줄 필요가 있다. 이성적 요소를 갈고닦으려면 논리나 숫자를 사용해서 깊이 생각해야 한다.

그런데 본능 군과 이성 군을 동시에 갈고닦는 궁극적인

세상을 보는 시각이 달라지는 새로운 독서법

방법이 있다. 바로 이 책에서 이야기하는 '신 독서법'이다. 사실 Chapter 2에서 이야기한 아침 3분 독서나 손가락을 사용해 키워드를 캐치해서 읽는 방법 등은 직감적으로 재빠른 사고를 담당하는 본능 군을 갈고닦는 독서법이었다. 여러 번 이야기하지만, 어느 한쪽만 중요한 것이 아니다. 둘 다 중요하다.

앞으로 이 장에서는 이성 군을 연마하기 위한 '신 독서법'을 이야기하려고 한다. Chapter 2에서 배운 본능적인 '신 독서법'에 이성을 활용해서 서포트해나가는 것이다. 앞에서 소개한 본능적인 읽기에 이 이성적인 읽기가 더해져 최종적으로는 본능 군과 이성 군의 사이가 좋아질 것이다.

저자의 물음을 찾는 3가지 단계

'저자의 의견을 이해하는 것이야말로 독서다' 이렇게 생각하는 사람일수록 저자의 의견을 이해해야겠다는 생각에 빠져 오히려 아무것도 이해하지 못하는 경우가 많다.

다만, '이성'을 갈고닦으려면 저자의 의견을 이해하는 것도 도움이 된다. 그렇다고 해서 무작정 이해하기 위해 첫 페이지 맨 윗줄부터 마지막 페이지 맨 끝줄까지 읽는 것을 추천하는 것은 아니다. 저자의 의견을 이해할 때 필요한 것은 저자의 물음을 찾는 것이다. 이것이 시작이다.

의견 앞에는 반드시 저자의 물음이 존재한다.

왜냐하면 세상에서 말하는 일반적인 상식이나 개념을 그대

세상을 보는 시각이 달라지는 새로운 독서법

로 전달한다면 저자는 굳이 책이라는 형태로 만들 필요가 없기 때문이다. 저자는 자신의 새로운 주장, 아이디어를 전달하기 위해 책이라는 형태로 만들었다. 그 새로운 주장에 도달하기 위해 수많은 고민이 있었을 것이다.

다음의 3단계로 저자의 물음을 찾아내보자.

1단계 : 책 표지, 띠지 문구 등을 읽는다.
2단계 : 저자의 프로필을 체크한다.
3단계 : '~란?'에 주목해서 저자의 물음을 '처음으로', '끝으로'에서 찾는다.

책 표지에는 책을 팔기 위해 편집자와 저자가 고안한 메시지가 가득하다. 책을 손에 잡느냐 마느냐의 90%는 이 책의 표지와 띠지에 달려 있다. 그렇기에 많은 메시지가 실려 있다. 예를 들어, 다음 페이지에 보이는 것처럼 스위스 기업가 롤프 도벨리(Rolf Dobelli)의 《Think clearly 최신 학술 연구에서 이끌어낸 더 나은 삶을 살기 위한 사고법(한국어판 : 불행 피하기 기술)》을 한번 살펴보자.

이 표지의 앞면에는, 'Think clearly'라는 문구 외에, '최신의 학술 연구', '더 좋은 인생', '사고법', '복잡한 세계', '스위스의 베스트셀러 작가', '심리학', '철학', '투자가', '52가지의 사고방식' 등이 쓰여 있다. 뒷면을 보면 독일 전 총리와 TV 진행자, 하버드대 의대 명예교수의 추천 글이 실려 있다. 이것만 봐도 정보를 얻을 수 있다.

롤프 도벨리의 《불행 피하기 기술》의 책 표지에 쓰인 메시지란?

최신 학술 연구에서 이끌어낸 더 나은 삶을 살기 위한 사고법

세계 29개국에서 폭발적 화제! 저자 누계 250만 부 돌파!

이 복잡한 세상을 살아가기 위한 확실한 지침
심리학, 행동경제학, 철학, 투자나 기업가의 사상을 풀어낸다.
스위스 베스트셀러 작가가 혼신의 힘으로 정리한, 미래가 바뀌는 52가지 사고방식

세상을 보는 시각이 달라지는 새로운 독서법

다음으로 저자의 프로필을 체크한다.

롤프 도벨리
작가, 기업인.
1966년 스위스 출생. 스위스 장크트갈렌 대학교 졸업. 스위스 항공사의 자회사 여러 곳에서 최고재무책임자, 최고경영자 역임 후 비즈니스 서적의 요약을 제공하는 세계 최대 규모의 온라인 라이브러리 'get Abstract'를 설립했다.
35세 때부터 집필 활동을 시작해서 독일, 스위스 등의 다양한 신문, 잡지에 칼럼을 연재했다. 저서 《왜 잘못 판단했는가?(한국어판 : 스마트한 선택들)》는 독일 〈슈피겔(Der Spiegel, 독일의 대표적인 시사주간지)〉의 베스트셀러 리스트에 1위로 올라, 큰 화제가 되었다. 이 책은 독일에서 25만 부를 돌파한 베스트셀러로 세계 29개국에 번역·출간되었다. 저자의 누계 매출 부수는 250만 부가 넘는다. 그는 소설가이자 파일럿이기도 하다. 현재는 스위스 베른에 거주하고 있다.

저자의 프로필을 보면 스위스의 기업가이자 베스트셀러 작가임을 알 수 있다. '어떤 사람이 쓰고 있는지' 알게 됨으로써 본문이 어떻게 전개될지 어느 정도 짐작할 수 있다. 아마 '최신 경제경영서나 심리학, 철학, 투자 내용을 이용해서 더 나은 삶에 대해 뭔가 이야기하고 있는 것이 아닐까?' 하고 상상할 수 있다.

'~란'을 통해 저자의 물음과 의견을 알 수 있다

저자의 물음을 찾으려면 '~란'이라는 단어를 찾으면 된다. 의외일지 모르지만 '~란'은 매우 중요한 말이다. 결코 눈에 띄는 말은 아니지만, '~란'이라고 쓰인 문장에 주목해보면, 저자의 물음이 보인다.

'~란'은 정의를 나타내는 말이다. 이 정의를 저자가 그대로 사용하는 것인지, 아니면 독자적인 이론을 전개해서 재정의하는 것인지가 차츰 보일 것이다. 그럼, 이 '~란'이 어떻게 사용되고 있는지, 프롤로그와 에필로그로 확인해보자.

세상을 보는 시각이 달라지는 새로운 독서법

《Think clearly 최신 학술 연구에서 이끌어낸 더 나은 삶을 살기 위한 사고법(한국어판 : 불행 피하기 기술)》의 프롤로그를 살펴보자.*

> 아주 옛날, 적어도 2500년 전부터, 우리 인간은 '좋은 인생'이란 도대체 어떤 것일까 하고 계속 생각해왔다.

갑자기 '~란'이 사용되고 있다. '좋은 인생'에 '~이란'이 붙어 있으니, 이 한 권은 저자의 '좋은 인생'에 관한 물음에 대해 쓰였을 것으로 짐작할 수 있다. 이어서 이런 질문이 있다.

> 이 세상에 태어난 이상, 가능하다면 행복한 인생을 살고 싶다. 그러기 위해서는 어떻게 살아야 할까? 좋은 인생의 조건이란 무엇일까? 운이나 돈은 얼마나 중요할까?

좋은 인생에 관한 물음이 계속되고 있음을 알 수 있다. 프롤로그에 이어 이번에는 에필로그를 살펴보자.

＊프롤로그와 에필로그 본문 모두 일본어판 버전이다. - 편집자 주.

나는 '좋은 인생'에 대해 글을 쓰게 되면서부터 좋은 인생이란 무엇인지, 어떻게 정의해야 하는지를 여러 사람으로부터 듣게 되었다.

역시나 저자의 물음이 좋은 인생에 관한 것임을 알 수 있다.

저자의 물음을 살펴봄으로써 저자의 생각 소재를 알 수 있다. 물론 그 한 권을 완전히 이해하기 위해서는 당연히 저자가 그 물음에 답하기 위해 사용한 이론이나 참고 문헌을 이해해야 한다. 나아가 그 저자의 생각을 검증해봐야 한다.

먼저 저자의 물음을 찾고, 그 물음에 대해 어떻게 대답했는지 살펴보자.

세상을 보는 시각이 달라지는 새로운 독서법

이성적인 독서를 할 수 있는 PREP법

지금까지 저자의 '물음'을 찾는 데 정의인 '~란'이 도움이 된다는 것을 알았다.

그럼 이번에는 아웃풋의 틀인 요약을 먼저 생각하고 예측하면서 읽어나가는 방법을 소개한다.

PREP법이라는 아웃풋 사고의 프레임워크가 있다. 결론(Point), 이유(Reason), 예(Example), 결론(Point)이라는 전개다. 이 PREP는 프롤로그, 에필로그, 목차를 살펴봄으로써 대략적인 것을 알 수 있다.

먼저, 저자의 물음에서 결론을 예측한다. 앞의 《Think clearly 최신 학술 연구에서 이끌어낸 더 나은 삶을 살기 위한 사고법(한국어판 : 불행 피하기 기술)》의 경우, '좋은 인생'에 관한 결론(P)이 있다는 것을 예측할 수 있다. 다음으로 이유(R)인데, 에필로그에 쓰인 경우도 있고, 책 전체를 관통하며 쓰여 있기도 하다.

그다음은 구체적인 예(E)다. 구체적인 예는 보통 대략 3개 정도 든다. 3이라는 숫자는 뇌가 현재 의식으로 인식할 수 있는 숫자다. '3가지 예를 들어보겠습니다'라고 하는 것과 '7가지 정도의 예를 들어보겠습니다'라고 했을 때, 역시 3이 이해하기 쉽다.

마지막으로 결론(P)은 서두에서 나온 결론의 반복이다. 같은 것을 그대로 반복한다. 이 PREP법이라고 하는 아웃풋의 틀을 염두에 두고 독서를 하면, 당신의 이성 군을 충족시킬 수 있게 된다.

그럼 《Think clearly 최신 학술 연구에서 이끌어낸 더 나은 삶을 살기 위한 사고법(한국어판 : 불행 피하기 기술)》을 예로 들어 아웃풋 틀을 만들어보자. 에필로그에 이런 글이 나온다.

좋은 인생이 어떤 것인지 정확하게 표현할 수는 없지만, 어떤 것이 아닌지는 확실하게 말할 수 있다.

(중략)

인간은 자신들이 만들어낸 세계를 더 이상 알지 못하기 때문이다.

(중략)

그래서 우리에게는, 여러 가지 사고의 틀이 필요하다.

여기까지 살펴보면, 다음과 같이 어느 정도 보이는 것이 있다.

결론(P) : 이 책은 저자의 '좋은 인생'에 대한 물음에 따라 쓰인 것이다.

이유(R) : 이 틀이 필요한 이유는, 인간은 자신들이 만들어낸 세계를 잘 알고 있지 않기 때문이다.

다음으로 필요한 것은 3가지 사례다. 에필로그에 앞에서 이야기한 문장에 이어 다음의 문장이 쓰여 있다.

이 책에서 다룬 5가지 사고의 틀의 출처는 크게 3가지다.

첫 번째는 지난 40년에 걸친 심리학 연구의 성과다.

(중략)

두 번째는 스토아 학파의 사상이다.

(중략)

그리고 세 번째는 다수 출판되고 있는 투자 관련 서적이다.

이 3가지를 그대로 구체적인 예로 사용한다.

사고의 틀은 심리학, 스토아 학파의 사상, 투자 관련 서적으로 만들어졌으며, 그것이 실제로 좋은 인생을 살기 위한 사례라고 예측할 수 있다.

마지막 결론은 반복하면 되기 때문에 이 책의 요약은 다음과 같다.

결론(P) : 이 책은 저자의 '좋은 인생'에 대한 물음에 따라 쓰인 것이다.

이유(R) : 이 틀이 필요한 이유는, 인간은 자신들이 만들어낸 세계를 잘 알고 있지 않기 때문이다.

구체적인 예(E) : 이 책에서는 이 사고의 틀의 사례를 크게 3개의 분야에서 가져왔다. 이는 심리학 연구의 성과, 스토아 학파의 사상, 투자 관련 서적의 3가지다.

결론(P) : 이 책을 통해 '좋은 인생'을 살기 위해서는 어떤 사고를 가져야 하는지를 알 수 있다.

요약하면 이런 느낌이다.

이렇게 대략 구성을 요약하는 것을 독서를 시작하기 전에 준비 자세로서 실행해도 좋다. 아니면, 앞에서 이야기한 본능적인 읽기 방식으로 자신을 위해 읽는 것도 좋다. 그 후에, '역시 저자의 견해가 궁금하다'라는 생각이 든다면, 이런 단계별 구성을 세운 다음에 읽으면 더욱 이성적인 독서를 할 수 있다.

물론, 이 방식으로는 어디까지나 '프롤로그', '에필로그'밖에 살펴보고 있지 않기에, 저자의 의견을 보다 더 잘 이해하고 알기 위해서는 이 대략적인 요약을 바탕으로 예측하며 읽어나가야 한다.

　이런 식으로 진행한다면, 이성적인 뇌는 앞으로 어떤 일이 일어날지 예측하기 쉬워지므로 심리적으로 편안하게 독서를 할 수 있게 된다.

예측 읽기! '그러나'의 다음에 '저자의 의견'이 온다

논리적인 구조를 통해 '어떤 식으로 쓰여 있는가'를 의식하면서 책을 읽음으로써 이성적인 뇌가 길러진다. 이렇게 이야기하면 수험 공부의 영어 장문 독해가 떠오르는 사람도 있을 것이다.

장문 독해의 테크닉에 대해서 이야기해보면, 패러그래프 리딩이 있다. 이것은 패러그래프(단락)의 첫머리에 어떤 접속사가 와 있는지에 주목해서 단락마다 요점을 파악하면서 읽어나가는 독해법이다.

이러한 접속사를 '논리 마커'라고 한다. 접속사에 주목해서 읽어감으로써 그 단락의 '하고 싶은 말'을 예측할 수 있다. 이러한 방법은 영어 문장에서 사용하기 쉬운데, 일본어에도 응용할 수 있다.

저자는 세상의 '일반론'과는 다르다는 것을 '굳이' 전달하기 위해 문장을 쓴다. 그래서 '그러나' 등의 역접을 이용한 후에 의견을 말한다. 그리고 그 역접 앞에 양보나 일반론을 쓴다. 역접 앞에 '이제부터 역접을 할게요'라는 신호를 보내는 것이다. '양보'가 있다면 그다음에는 '역접', 그리고 그다음에 저자의 의견이 나오는 것이다.

예를 들어, 다음과 같이 '양보' → '역접'의 접속사에 주목해보자.
'역시' → '그러나', '하지만', '그래도'

전체론, 일반론을 말한 뒤에 저자의 의견이 오는 경우도 많다.
'일반적으로' → '나는', '사실'

이처럼 한 군데만 살펴봐도 예측이 가능해지는 것이다. 접속사에 주목하는 것만으로 문단의 구성이나 저자의 주장이 어디에 숨어 있는지 어느 정도 예측할 수 있어 저자의 의견을 쉽게 파악할 수 있다.

세상을 보는 시각이 달라지는 새로운 독서법

이성적 독서가 가속화되는 논리 마커 읽기

참신함은 부족하지만 이러한 접속사인 논리 마커에 주목해 보면 이성적인 독서는 가속화될 수 있다.

논리 마커에 대해 좀 더 자세히 살펴보자.

• 역접 논리 마커

하지만, 그럼에도 불구하고, 이와 반대로, 그래도 역시, 그렇기는커녕, 그렇지 않고 등

• 양보 논리 마커

역시, 물론, ~일지도 모른다, 많은 경우, 일반적으로는, 대체로, 전형적으로, 대개, ~이든 아니든 간에, 아무리 ~이든 등

• 이유 논리 마커

왜냐하면, 그 이유는, 즉 등

구체화 논리 마커(A=B)

영어 문장의 논리 전개의 기본은 '추상적 → 구체적'으로, 이를 표현하기 위해서 '예시'나 '환언'이 사용된다.

A(추상)=B(구체)의 구조를 알고 있으면, A를 이해했을 때, B는 띄엄띄엄 읽기가 가능하다. 반대로 A를 이해하지 못했다면, B를 꼼꼼히 제대로 읽고 A의 내용을 짐작할 수 있다. 일본어 문장 역시 마찬가지다.

• 환언 논리 마커

다시 말하면, 즉, 요컨대, 엄밀히 말하면, 구체적으로, 자세히 말하면, 그것은 ~를 의미한다 등

• 예시 논리 마커

예를 들어, ~와 같은, ~와 같은 경우, 예로서, 특히, ~조차도 등

추가·병렬 논리 마커(A+B)

어떤 사항에 대해 새로운 정보를 추가하고, 'A+B'의 연결을 나타내는 것으로, 추가되는 것은 다양하지만, 대부분은 '구체

세상을 보는 시각이 달라지는 새로운 독서법

적인 예'나 '이유'를 추가하기 위해서 사용되고 있다.

- **추가 논리 마커**

  ~와, ~또한, 심지어 등
- **열거의 논리 마커**

  첫 번째로, 그다음으로, 제일 먼저, 두 번째로, 끝으로, 마지막으로, 마찬가지로 등

  '첫 번째로', '제일 먼저'라고 하는 열거의 접속사는 '그다음으로', '두 번째로', 그리고 '마지막으로'를 통해 동렬(同列)의 내용을 볼 수 있다.

인과관계 논리 마커(A→B/A←B)

특히 영어 논설문은 논리적으로 구성되어 있어 인과관계가 중요하다.

그러니까, 이제는 ~이기 때문에, 이유는~, 결과적으로, 근거로서, 그 결과, 요컨대, 결론적으로, ~의 원인으로서, 유발된다 등

이러한 논리 마커를 살펴봄으로써 다음 문장이나 단락, 장

을 예측할 수 있다. 예측, 추측을 할 수 있게 되어 띄엄띄엄 읽기나 사선으로 읽기 등으로 중요한 부분에 시간을 할애할 수 있게 된다.

이러한 것들에 대해 좀 더 배우고 싶은 경우에는 논리학을 배우는 것을 추천한다.

일본이나 한국의 학교는 논리학을 필수로 하지 않고 고등학교 수학을 통해 논리를 배우지만, 외국 대학에서는 논리학을 필수로 하는 곳이 많다. 왜냐하면 의견을 말한 후, 그 이유를 이야기할 필요가 있고, 대학은 재현성이 있는 과학적인 것을 배우는 자리이기에 논리학을 배움으로써 논문을 쓸 수 있는 것이다.

세상을 보는 시각이 달라지는 새로운 독서법

예측 읽기를 더욱 빠르게 해주는 플러스마이너스 읽기

앞에서 수험 공부에도 익숙한 패러그래프 리딩을 소개했다. 그 밖에 수험 공부에서도 사용되고 있는 것으로, 이성적 독서에 도움이 되는 읽는 방법이 있다.

정독(精讀)처럼, 한 문장, 한 문장마다 플러스마이너스를 살펴보면서 읽는 방법이다. 그것은 형용사나 명사, 동사의 플러스마이너스로 판단할 수 있다.

예를 들어, 다음의 문장을 보자.

> 뛰어난 퍼포먼스를 발휘해, 큰 성과를 달성하기 위한 대책으로서 새롭고 현실적인 방법은, 개인에 포커스를 맞추는 것을 그만두고 환경을 중심으로 하는 것이다.

이 글 맨 앞의 '뛰어난'이라는 형용사에서 읽을 수 있는 것은 '뛰어난=플러스'다. 이후에, 역접 등으로 뒤집지 않는다면, 이 한 문장은 플러스의 내용을 나타내고 있다.

다음 문장은 어떨까.

> 만약 환경이 어수선하다면, 당신의 마음이 어수선하다는 것이다. 모든 것은 당신이 짊어지고 살아야 할 짐이다.

이 글은 '어수선하다', '짊어지다'의 동사에서 부정적인 인상을 받는다. 그 뒤의 '짐'은 중립적인 명사이지만, 이 글에서는 마이너스로 볼 수 있다.

앞의 두 문장은 벤저민 하디(Benjamin Hardy)의 《FULL POWER 과학이 증명한 자신을 바꾸는 최강전략(한국어판 : 최고의 변화는 어디서 시작되는가)》에 나오는 문장이다. 이 책은 그동안의 의지력 만능법칙을 뒤엎은 책이다. 앞의 두 문장만 봐도 '의지력보다는 환경을 조성하는 게 낫다'라는 저자의 의견을 알 수 있다.

저자의 메시지는 저자가 어떤 플러스마이너스 명사나 형용사, 동사를 쓰는지를 통해서도 알 수 있으며, 저자의 감정이 표현에 의해 어렴풋하게 보인다.

앞에서 이야기한 논리 마커와 이 플러스마이너스를 이용하면 그 단락이 플러스마이너스 중 어느 쪽인지 추측할 수 있고, 여기에 저자의 의견이 들어가 있는지에 따라 저자가 어떤 입장인지 판단할 수 있다.

나의 경우, 이러한 연습을 반복한 결과, 흑백의 문장에 색이 묻어 있는 것처럼 느껴진다. 플러스면 긍정적인 색, 마이너스면 부정적인 색처럼 말이다. 다만 이 책에서는 본능적으로 플러스라고 알았어도 이성적으로는 어떨지 확인한 후, 근거를 가지고 플러스라고 할 수 있도록 하고 있다.

입장을 바꿔서 읽는 '취재 읽기', '저자 읽기'

미디어 매체로부터 취재를 받는 일이 있다. 이 경우 기자에게 생각지도 못한 질문을 받거나, 내가 이야기한 내용에 기자가 고개를 끄덕이거나, 메모를 하기에 이야기가 활기를 띠게 된다. 이 '취재'를 독서에 응용하면 굉장히 효과적이다.

현재 도쿄대학교에 재학 중인 니시오카 잇세이(西岡壱誠) 씨는 《도쿄대 독서(한국어판 : 만년 꼴찌를 1% 명문대생으로 만든 기적의 독서법)》에서 입장을 바꿔서 기자가 되어 읽는 '취재하며 읽기'를 소개하고 있다.

"독해력을 익히고 책의 내용을 자신의 것으로 만들기 위해서는 독자가 아니라 기자가 되어야 한다. 책을 읽는 것이 아니라 책을 취재해야 한다"라고 말한다. '독자'는 단순히 글자만 보고 있지만, '기자'는 맞장구를 치고, 때로는 메모를 하면서 저자의 말에 귀를 기울인다. 이 책은 눈앞에 저자가 있다면 어떤 질문을 던질지 생각하면서 읽는 것에 대해 이야기하고 있다.

확실히 입장을 바꿔서 읽는 것은 심리학의 관점에서도 유효하다. 일리노이대학교 어바나 샴페인 독서연구센터 소장이자 명예교수인 리차드 C. 앤더슨(Richard C. Anderson)은 제임스 W. 피셔트(James W. Pichert)와의 공저논문 〈Recall of previously unrecallable information following a shift in perspective〉에서 입장을 바꾸는 것만으로도 기억의 질이 달라졌다고 발표했다.

당신 자신이 기자가 되어 취재하듯이 책을 읽을 뿐만 아니라, 이번에는 당신이 그 '저자' 자신이라면 어떨지 입장을 바꿔서 읽어보자. 독서가 한층 더 즐거워질 것이다. 읽는 사람으로서 책을 읽는 것과 쓰는 사람으로서 책을 읽는 것은 전혀 다르다.

개그맨이자 아쿠타가와상 작가인 마타요시 나오키(又吉直樹) 씨는《밤을 뛰어넘는다》에서 독자로서 읽는 방법과 소설을 실제로 쓰는 사람의 읽는 방법의 차이에 대해 말하고 있다.

"재미있는 것을 쓸 수 있다고 확신하고 쓰기 시작했습니다. 하지만 원고지 10장 정도밖에 쓸 수가 없었습니다. (중략) '음, 소설이라는 것은 어떤 구조로 되어 있지? 어떤 문체, 구성, 방법이 있었더라?' 이런 생각이 들기 시작한 후부터 처음으로 그런 시각에서도 소설을 읽게 되었습니다. 덕분에 독서가 무척 재미있어졌습니다. 모든 작가를 존경하게 되었습니다."

읽는 사람의 시각에서, 쓰는 사람의 시각으로 바꿔보는 것만으로도 독서는 한층 재미있어진다. 지금까지와는 세상을 바라보는 시각이 바뀐다. 읽는 방법도 달라진다.

'이 문장 뒤에 왜 이 문장이 이어지는 것일까?', '이 문장의 발상은 어떤 루트로 온 것일까?', '다음 이야기의 전개는 어떻게 영감을 얻어 쓴 것일까?' 그것은 마치 탐정이 된 것처럼 저자의 두뇌를 추적해나가는 것과 같다. 그리고 점차 저자의 두

세상을 보는 시각이 달라지는 새로운 독서법

뇌가 내 머릿속에 설치(install)되어 어느새 저자와 같은 발상을 할 수 있게 된다.

우선은 기자처럼 눈앞에 저자가 있다면, 어떤 질문을 할 것인지 생각하며 의문점과 관심거리를 찾아나가보자.

이렇게 읽을 수 있게 되면, 이번에는 그 저자가 어떻게 본문을 써나갔는지, 쓰는 사람의 관점에서 그 책을 살펴보자. 또한, 자신이 좋아하는 저자가 되어 다른 저자의 책을 읽어보면 평소와는 다른 시각으로 독서를 즐길 수 있다.

본능과 이성의
물음 읽기

기자나 저자가 되기 위해서 나는 '물음'을 이용해서 읽고 있다. '물음'은 크게 '질문'과 '의문'으로 나눌 수 있다. '질문'은 보다 자신에게 도움이 되는 본능적인 내용이고, '의문'은 이성을 만족시키는 내용이다.

나는 마치 딴죽을 거는 느낌으로 조금 편안하게 물음을 이용해서 읽는다. 읽기 전에 이 물음 중 몇 가지를 선택해도 되고, 읽고 난 후 확인하는 데 이용해도 된다.

본능을 충족시키는 물음 읽기

① 이 책에서 나에게 필요한 부분은 어디인가?

② 이 책을 통해서 가장 먼저 내가 실천해야 할 내용은?

세상을 보는 시각이 달라지는 새로운 독서법

③ 이 책에서 내 마음을 울린 포인트는 어디인가?

④ 이 책은 나에게 어떤 감정을 주었는가?

⑤ 이 책을 읽고 있을 때, 어떤 감각이나 장면이 떠올랐는가?

⑥ 나의 ○○한 고민을 해결하려면 어디서부터 읽는 것이 좋을까?

⑦ 나의 ○○한 고민을 지금 바로 해결할 수 있는 구체적인 방법이란 무엇일까?

이성을 충족시키는 물음 읽기

① 이 책에서 저자의 물음은 무엇인가?

② 저자가 이 물음을 사용해서 전하고 싶은 메시지, 결론이란?

③ 이 책은 어떻게 시작되고 어떻게 끝났는가?

④ 이 책의 핵심 메시지, 핵심 콘셉트는 무엇인가?

⑤ 이 책은 누구를 향해 쓰여 있는 것인가?

⑥ 이 책은 독자의 어떤 before(아픔)를, 어떤 after(바람)로 바꿀 수 있을까? 또한 구체적인 방법, 노하우, how to는?

⑦ 이 책을 다른 사람에게 추천할 때, 어떤 식으로 소개하면 그 사람에게 전해질까?

이러한 물음을 사용해서 '~은/는', '굳이', '~라고 한다면'을 사용해 그 책에 대해 정리한다. 마케팅에서는 정의의 '~은/는', 비교 우위의 '굳이', 넘버 원, 온리 원의 의미의 '~라고 한다면'이라는 말이 중요하다.

"이 책은 ○○다."
"이 장르에서 굳이 이 책을 고른다면, 다른 책과 비교했을 때 ○○가 좋기 때문이다."
"○○라고 한다면 이 책밖에 없다."

게다가 저자라도 대답할 수 없는 '미해결의 물음'을 찾아가는 것이, 그 분야에서의 이해를 깊게 한다. '신 독서법'은 독서를 하는 것만으로 끝이 아니다. 그 이후가 중요하다.

물리학자 스티븐 호킹(Stephen Hawking)의 이야기를 다룬 영화 〈사랑에 대한 모든 것〉에서는 첫 번째 아내와 만난 장면에서 이런 대화가 나온다.

"무엇을 믿는가? 우주의 모든 것을 설명하는 단 하나의 방

정식.”

“진짜? 어떤 식?”

“그게 문제야. 좋은 질문이지만, 아직 답을 모르겠어. 하지만 반드시 찾을 거야.”

　그 분야의 전문가라도 해결하지 못한 부분을 찾아내는 것이 자신이 찾아가야 할 물음으로 이어지고 있다. 이미 있는 답을 아는 것보다 ‘새로운 물음’을 발견하는 것. 그 ‘물음’에 대해 나름의 답을 이끌어내는 것이 중요하다.

불확실한 시대를
살아나가기 위한
'신 독서법'

불확실한 시대를 살아나가기 위한 인간의 특성

　'100세 시대', '일하는 방식 개혁', 이 말의 근원이 된 것은 런던 비즈니스 스쿨의 교수, 린다 그래튼(Lynda Gratton)과 런던경영대학교 교수 앤드루 J. 스콧(Andrew J. Scott)의 저서 《LIFE SHIFT(한국어판 : 100세 인생)》에서다.

　그래튼과 스콧은 저서 《The New Long Life(한국어판 : 뉴 롱 라이프)》에서 장수화와 과학기술이 초래하는 불확실한 세계에서 살아가는 방법에 대해 이야기하고 있다.

　로봇화나 업무 자동화의 물결에 의해 2030년까지 전 세계에서 8억 명이 일자리를 잃는다고 한다. 고령화 사회로 의한 리스크, 국가 파탄, 연금 붕괴, 의료비 증대, 경제 약화 등으로 장래가 불투명한 시대에서는 인간의 창의성이 중요하다고 말하고 있다.

그리고 살아가기 위해서는 지금까지도, 그리고 앞으로도 인간 고유의 3가지 힘이 반드시 필요하다고 한다. 그 3가지 힘은 바로, 이야기하는 힘, 탐구력(학습과 변화), 관계를 구축하는 힘이다.

이야기하는 힘은 삶이라는 이야기를 탐색해서 삶에 의미를 부여하고, 직면하는 문제에 대해 도움이 되는 이야기를 그리는 힘이다. 자신의 일은 무엇이 될 것인가, 어떤 스킬이 필요한가, 커리어란 어떤 것인가, 나이를 먹는다는 것은 어떤 의미인가 등이다.

탐구력은 인생의 스텝을 이행하기 위해 배우고 자신을 변화시키는 힘이다. 긴 인생을 살면서 새로운 커리어를 어떻게 발견하면 좋을지, 그것을 위해서 어떤 새로운 스킬을 몸에 익히면 좋은지, 그리고 새로운 변화에 어떻게 대응하고, 새로운 스테이지로 어떻게 이행시켜나가야 할지 하는 것 등이다.

세상을 보는 시각이 달라지는 새로운 독서법

관계를 구축하는 힘은 깊이 연결되고 의미 있는 관계를 구축하며 유지하는 힘이다. 가족 구성의 변화나 지역과의 관계, 세대 간의 조화나 자신이나 자신 주변 사람들이 할 수 있는 일 등이다.

이러한 인간의 특성을 갈고닦는 데는 역시 '신 독서법' 만 한 것이 없다.

책을 읽는 것은 말의 힘을 높이고 이야기하는 힘을 길러준다. 소설이나 만화는 우리에게 다양한 이야기의 패턴을 가르쳐준다. 이야기의 패턴을 파악할 수 있음으로써, 우리는 앞으로 일어날 아직 보지 못한 일에도 유연하게 대응할 수 있다.

탐구력도 독서로 길러진다. 인류 중에서도 탐험을 해온 종족이 살아남았다. 본능적인 호기심을 갖고, 일어날 수 있는 문제에 대처하며, 이성적으로 분석함으로써 재현성 있는 해결법을 고안해냈다. 독서는 아직 보지 못한 세계에 발을 들여놓고 탐색하는 힘을 길러준다.

또한, 관계를 구축하는 힘 역시 독서로 길러진다. 다른 사람이 쓴 것을 이해하는 힘은 상대방과의 관계를 구축하는 데 중요한 공감력을 길러준다.

이처럼 독서는 불확실한 시대에도 인간의 소중한 특성을 갈고닦아준다. 게다가 인간의 특성을 갈고닦으려면 앞에서도 소개했듯이 본능 군과 이성 군의 균형이 중요하다.

계기가 되는 것은 본능 군의 호기심이다. 하지만 이성 군보다는 본능 군이 우위인 아이들의 경우를 보면 알 수 있듯이, 본능 군은 질리기 쉽고 바로바로 다음 흥밋거리로 넘어간다. 따라서 이성 군을 갈고닦아 본능 군이 발견한 흥미나 호기심을 바탕으로 탐구를 오래 계속해나가는 것이 중요하다.

세상을 보는 시각이 달라지는 새로운 독서법

피드백 없이는 불확실한 시대에서 살아남을 수 없다

불확실한 시대에 필요한 기술은 계속 바뀐다.

지금까지의 시대는 '학습', '취업', '은퇴'의 3개의 스테이지 밖에 없었다. 그러나 이제 그러한 시대는 끝을 맞이하고, 시대의 변화에 맞춰 새로운 스테이지가 태어나고 있다. 이러한 시대에서는 새로운 스테이지에 맞춰 새로운 스킬 습득이 요구된다.

독서는 그 기술 습득을 앞당길 수 있다. 전문 지식과 스킬을 익히거나 자격증을 따기 위해 책을 읽을 필요가 있는 사람도 있을 것이다. 스킬을 더욱 몸에 익힐 방법으로서 심리학자인 앤더스 에릭슨(Anders Ericsson)에 의한 '한계 트레이닝'의 활용을 추천하고 싶다. 이것은 다양한 능력을 보다 더 향상시키는 방법으로 다음의 3가지로 이루어져 있다.

- 포커스(목적과 집중)
- 피드백(평가)
- 픽스(재검토)

주로 책을 읽고 스킬을 익힐 때 추천하고 싶은 방법이다.

되고 싶은 자신을 위해 구체적인 목적에 초점을 맞춘다

능력 향상을 위한 한계 트레이닝 중 우선, 포커스를 살펴보자. 포커스는 '무엇을 목적으로 하는가?'라고 하는 자신의 과제나 목적을 세우는 것이다. 이것은 구체적일수록 좋다.

예를 들어, '독서 능력을 향상시킨다'라는 목적이 있다고 하자. 단지 이 목적이라면 그날의 트레이닝이 잘되었는지 아닌지 확인할 수가 없다.

목적을 세우는 요령은 Specific(구체적), Motivating (동기부여), Attainable(달성 가능성), Relevant(관계성), Trackable(추적 가능성)의 'SMART'로 외우면 좋다.

Specific(구체적)은 숫자를 넣을 것
Motivating(동기부여)은 각자 자신이 설레어하는 것
Attainable(달성 가능성)은 조금만 더 노력하면 손에 넣을 수 있는 것
Relevant(관계성)은 고구마 줄기 식으로 다른 목표와도 관련된 것
Trackable(추적 가능성)은 기한이 정해져 있는 것

예를 들면, '독서력을 향상시킨다'라고 하기보다는, '한 달 안에 한 권에 30분이면 자신의 목적에 관한 힌트를 얻는다'라고 문장을 표현함으로써 숫자가 들어가고, 보다 자기 자신의 일이 되면서, 기한도 정해져 구체적으로 바뀌었다.

또한 '피터 드러커(Peter Drucker)의 《매니지먼트》를 읽고 올해 안에 실적을 10% 상승시킨다'라거나 '짐 콜린스(Jim Collins)의 《비저너리 컴퍼니(한국어판 : 성공하는 기업들의 8가지 습관)》, 《BE2.0(한국어판 : 좋은 리더를 넘어 위대한 리더로)》을 읽고' 등 구체적으로 읽고 싶은 것을 넣은 목적도 좋다. 이러한 구체적인 목적이 있으면, 피드백을 얻기 쉽다.

장기적인 목표를 달성하기 위해서는, 작은 스텝을 쌓아가는 플랜을 생각한다. 알고 있는 것을 적으면서 되고 싶은 모습,

세상을 보는 시각이 달라지는 새로운 독서법

되어 있는 모습을 만들어간다.

그리고 지금까지 앞에서 이야기한 '호흡을 편안하게 한다', '책장을 팔랑팔랑 넘기다가 딱 하고 페이지를 펼친다', '눈에 들어온 부분을 읽는다', '손가락 속독으로 읽는다', '~란'에 주목해서 저자의 물음을 찾는다', '논리 마커로 예측하면서 읽는다', 'PREP의 구조를 머리에 인식하면서 읽는다' 중에서 이번 독서는 어디에 초점을 맞춰서 읽어야 할지 결정한다.

예를 들어, '한 달 안에 한 권을 30분 만에 읽어 자신의 목적에 관한 힌트를 얻는다'라고 할 때, '논리 마커로 예측하면서 읽는다'에 초점을 맞춰서 읽겠다고 정하는 것이다.

피드백 없이는
성장할 수 없다

다음은 피드백이다. 피드백을 올바르게 얻을 수 없으면, 실력 향상은 꿈꿀 수 없다. 피드백의 즉각성, 정확성, 엄격함을 통해 사람은 성장해나간다. 피드백 없이는 성장할 수 없다.

결과 : 성공했는가? 실패했는가?

'한 권을 30분 만에 읽어 자신의 목적에 관한 힌트를 얻는다'라고 한다면, 타이머 앱을 이용해서 시간을 잰다. 한 권의 책에 어느 정도의 시간이 걸리는지, 제한 시간 내에 읽을 수 있는지 시험해본다.

정보 : '무엇에' 실패했는가?

한 권을 30분 만에 읽을 수 없었다면, 구체적으로 무엇에 실패했는지 생각해보자. 내가 다 읽은 시간과는 어느 정도 차이 나는지 확인하고, 왜 그렇게 차이가 나는지 생각해보자.

'호흡이 잘 안 됐나?', '제대로 팔랑팔랑 하고 책장을 넘기지 못했나?', '책을 읽는 목적이 명확하지 않았나?', '책장을 딱 펼친 후에 너무 집중해서 읽었나?', '순간적으로 눈에 들어온 부분이 너무 어려웠나?', '손가락 속독을 할 때 손가락의 움직임을 잘 캐치하지 못했나?', '저자의 물음을 찾는 데 시간이 너무 걸렸나?', '논리가 잘 보이지 않았나?', 'PREP의 구조에서 아웃풋의 이미지가 떠오르지 않았나?' 혹은 처음 '되고 싶은 자신'을 상정한 것과 완전히 다른 '새로운 것이 나왔는가?' 하는 것이다.

수정 : '어떻게 하면' 실패를 고칠 수 있는가?

그리고 발견한 구체적인 문제를 수정할 방법을 생각한다. 이때, 잘못을 제대로 지적해주는 멘토나 동료의 존재는 빼놓을 수 없다. 피드백을 얻을 수 있는 상태가 되는 것이 중요하기 때문이다.

굳이 편안한 상태에서
조금 벗어난다

마지막으로 '픽스'다. 이때는 피드백에서 얻은 과제를 바탕으로 수정을 한다.

지금까지의 3가지 중 가장 어려운 것은 피드백을 받을 수 있도록 설계하는 것이다. 그리고 피드백을 받아들이는 본능 군과 이성 군의 상태를 정돈하는 것이다. 본능 군은 사소한 지적에 겁을 먹는다. 본능 군이 겁을 먹어버리면 이성 군이 일하지 않게 된다. 그렇기에 먼저 심리적 안정을 한 다음, 피드백을 얻을 수 있는 상태로 만드는 것이 포인트다.

게다가 배울 때 중요한 것은 단지 배우는 것이 아니라, 편안한 상태에서 조금 벗어나야 하는 것이다. 실제로 걸린

세상을 보는 시각이 달라지는 새로운 독서법

시간보다 조금씩 짧게 시간 제한을 둬서 해보는 것이다.

40분 걸린 것을 35분, 30분으로 조금씩 시간을 짧게 한다.

시간적 압박을 가하면 자신이 부담감 때문에 재능을 발휘하기 쉬운지, 아니면 오히려 부담감에 쫓겨 재능을 발휘하기 어려운지 알 수 있게 된다.

부담감에 약한 타입이라면 조금만 어려운 것으로 한다. 손을 뻗어 아슬아슬하게 닿을 수 있는 과제로 설정하는 것이 중요하다.

동료가 있으면
능력치가 올라간다!

독서가 어려운 것은 피드백을 얻기가 어렵다는 데 있다. 독서는 보통 혼자 하는 경우가 많기에 책을 읽고 난 후에 잘 읽었는지, 그렇지 못한지 판단하기가 어렵다. 그래서 추천할 만한 것이 온라인 모임이다.

찾아보면 자신이 좋아하는 것이나 취미에 맞는 온라인 모임이 많다는 것을 알게 될 것이다. 그 온라인 모임에 소속되어 의견을 교환하면 매우 좋은 피드백을 얻을 수 있다. 또한, 그곳에서 누군가를 응원하거나 함께 성장함으로써 자신 역시 지지자를 만들어가는 계기가 될 수 있다.

내가 느끼는 온라인 모임의 좋은 점은 장르별, 주제별로

세상을 보는 시각이 달라지는 새로운 독서법

모인 사람들이 재미있다는 것이다. 처음에는 온라인 모임의 주최자에게 관심이 있었지만, 점점 그 자리에 모인 사람들이 대체로 재미있다는 것을 깨달았다. 그리고 무엇보다 행동하면 피드백을 얻기 쉬운 환경에 놓이게 된다는 것이다.

역시 무언가를 배우거나 실행할 때는 혼자보다는 동료가 있는 편이 좋다. 동료가 있으면 능력도 더 올라간다는 것은 연구 결과로도 알려져 있다. 뉴질랜드 오타고 대학의 명예 교수 제임스 플린(James Flynn)은 한 사람이 잘되면 주변 사람들도 잘된다는 것을 발견했다.

자신보다 능력이 있는 동료와 함께함으로써 자신의 능력 역시 향상된다. 이것을 '사회적 상승효과'라고 부른다. 독서도 마찬가지다. 혼자서 배우는 것보다 동료들과 함께 배움으로써 상승효과를 얻을 수 있다. 지식을 독점하기보다 동료들과 공유하고, 혼자서 노력하는 것보다 동료들과 함께 노력하는 편이 역시 결과를 낼 수 있다.

피드백을 얻을 수 있는 상황을 만들면 영어 실력도 올라간다. 나의 영어 실력 체크를 위해 이미 번역된 책과 그 원서를 준비한다.

먼저 원서를 다 읽은 후, 3분 안에 그 책의 포인트라고 할 만한 부분을 3가지 말한다. 그리고 그 부분을 정확하게 번역해본다. 그것을 번역서 속에서 찾아내어 자신이 번역한 내용과 대조해본다. 번역서가 피드백을 해주는 것이다.

다음은 픽스(재검토)다. 거기서 읽은 내용이 전혀 다른 문장으로 번역되어 있다면, 자신이 왜 그렇게 잘못 번역했는지, 어느 부분이 잘못되었는지 생각해본다. 그것은 문법인지, 단어

인지, 아니면 전혀 다른 부분인지 다시 살펴본다. 그리고 피드백을 바탕으로 앞으로 자신의 영어 실력을 높이기 위해 수정한 후 읽어보는 것이다.

독서를 잊지 않게 만드는
피드백 방법

읽은 책의 내용을 순식간에 떠올릴 수 있게 하는 피드백법도 있다.

심리학자 제프리 카픽(Jeffrey Karpicke)과 자넬 브랜트(Janelle Blunt)는 학생들의 공부법에 대해 실험했다.

시험에서 높은 점수를 받기 위해 당신은 다음 4가지 중 어떤 공부법을 택할 것인가?

• 교과서를 한 번만 다시 읽는다.
• 교과서를 몇 번이고 다시 읽는다.
• 학습 내용을 자유롭게 떠올린다.
• 개념맵을 작성한다.

세상을 보는 시각이 달라지는 새로운 독서법

이 공부 방법 중 가장 높은 점수를 받을 것 같은 것은 교과서 반복 읽기가 아닐까. 당신도 어쩌면 이와 같은 선택을 했을지도 모른다.

하지만 테스트 결과는 놀라웠다. 가장 점수가 좋았던 것은 오히려 '학습 내용을 자유롭게 떠올린다'였다. 그다음으로 '개념맵을 작성한다', '몇 번이나 교과서를 다시 읽는다'가 뒤따랐다. 학습 내용을 자유롭게 떠올려보면 내가 어디까지 기억하고 있는지를 알 수 있다. 이렇게 스스로를 테스트할 수 있다.

나는 대학 시절, 시험공부를 할 때, 학습 내용을 자유롭게 생각해내는 방법이나 개념맵으로서 마인드맵이나 표를 만드는 방법을 활용했다. 그 결과, 대부분의 성적이 AA였기에, 장학금을 받을 수 있었다.

미국의 유명한 학습 블로거인 스콧 영(Scott Young)은 저서 《울트라러닝》에서 자기 테스트가 효과가 있는 이유는 '피드백'이 있기 때문이라고 분석하고 있다. 보통 수동적으로 다시 읽는다고 해도 자신이 무엇을 이해하지 못하는지에 대한 피드백은 얻을 수 없다. 그러나 테스트를 통하면 피드백을 얻을 수 있다.

기억에서 지식을 이끌어내려는 행위는 그 자체로 강력한 학습 도구가 된다. 그래서 독서를 한 후 잊어버리지 않기 위해서는 독서 시간이 3분이라도, 30분이라도, 1시간이라도, 2시간이라도 좋으니 어떤 책이었는지 되돌아보는 것이 중요하다.

방법은 노트나 A4용지에 기억나는 것을 적어보는 것이다. 서평을 블로그에서 써보는 식의 아웃풋도 좋다. 간단하게 앞에서 소개한 PREP법과 같이 '결론(Point) → 이유(Reason) → 구체적인 예(Example) → 결론(Point)'이라는 요점을 써내는 방법도 좋다.

세상을 보는 시각이 달라지는 새로운 독서법

책의 난이도를 알려면 정가운데 부분부터 펼쳐라

우리는 무언가를 배울 때 입문서부터 손에 쥐곤 한다. 언뜻 이해하기 쉽고 배우기 쉽다. 하지만 그것만으로 발전할 수 없다.

워싱턴 대학 심리학과의 헨리 뢰디거(Henry Roediger)와 마크 맥대니얼(Mark A. McDaniel)은 《사용할 수 있는 뇌 단련법(한국어판 : 어떻게 공부할 것인가)》에서 배움에 대한 개념을 이렇게 정리한다.

- 배움의 어려움 중 하나는 학습을 강화하고 기억을 정착시키는 것이다.
- 간단한 학습은 대개 피상적이고 쉽게 잊힌다.

- 모든 지성이 타고나는 것은 아니다. 노력을 필요로 하는 학습으로 뇌가 변화하고 신경의 새로운 연결고리가 생기며 지능이 향상된다.
- 풀이를 배우기 전에 새로운 문제를 푸는 노력을 하는 것이 배운 후에 푸는 것보다 학습 효과가 높다.
- 어느 분야에서든 뛰어난 성과를 거두려면 현재의 능력 수준을 넘어서는 노력을 아끼지 말아야 한다.
- 노력은 좌절로 끝나는 경우도 많지만, 잘하기 위한 방법을 바꾸는 과정에서 중요한 정보를 얻는 경우도 많다.

이것을 통해 알 수 있듯이, 알기 쉬운 것이나 입문서만으로 배우는 데는 역시 한계가 있다. 시작하기에는 좋을지도 모른다. 하지만 조금 더 앞으로 나아가기 위해서는 한계를 돌파하는 것이 필요하다.

책의 난이도를 확인하는 방법으로, 전 외교관 사토 유(佐藤優) 씨는 이케가미 아키라(池上彰) 씨와의 공저《우리가 매일 하고 있는 최강의 독서법》에서 이렇게 말하고 있다.

제일 먼저, 책의 '정가운데' 부분을 조금 읽어보라는 것이다. 책의 맨 앞부분과 맨 뒷부분은 저자와 편집자가 팔기 위해서 열심히 공을 들여 만들지만, 가운데는 저자도 편집자도 긴장과 집중력이 다른 부분보다는 조금 떨어져 해이해지기 쉬운 부분이다. 이런 가운데 부분을 딱 열어보고, 그 책의 레벨을 판단한다. 정가운데를 활짝 펼쳐 그 부분을 훑어보면, '내가 이해할 수 있는 책'인지, '이해할 수 없는 책'인지 그 수준을 알 수 있다.

내가 처음 짐 콜린스의《비저너리 컴퍼니(한국어판 : 성공하는 기업들의 8가지 습관)》를 손에 넣었을 때는 두껍고 무거워서 활짝 펼친 가운데 페이지도 이해할 수 없었다. 열린 페이지에는 회사의 창립멤버 경영진, GE, 웨스팅 하우스, 필립 모리스라는 단어가 나왔다. 그 당시에는 잘 몰랐다. 하지만 설렜다. 이 책을 읽고 싶었다.

'이 책을 더 깊이 있게 읽으려면 어떻게 해야 할까?' 생각했더니 신기하게도 책이 날 끌어당겼다.《잭 웰치 나의 경영(한국어판 : 잭 웰치 끝없는 도전과 용기)》이라는 책이 출간된 것이다. 읽어나가다 보니 잭 웰치, GE에 대해 알게 되었다. 그리고《비저너리 컴퍼니(한국어판 : 성공하는 기업들의 8가지 습관)》를 더 알고 싶어서 여기에 나오는 인명, 회사명, 비즈니스 용어, 경영 용어, 경제 용어, 참고 문헌을 살펴보고, 그것과 관련된 도서를 쭉쭉 읽어나갔다. 그렇게 하다 보니 점점 내용을 이해할 수 있게 되었다.

이처럼 내 방식은 그 책을 읽고 설렐 수 있는지, 없는지에 달려 있다. 이성보다는 본능에 맡기고 있다.
'그 책의 문장이 어렵다', '읽고 이해하기 어렵다' 하는 느낌보다는 두근두근하고 마음이 설레는지에 무게를 두고 있다.

그러니까 당신도 설령 열린 페이지가 어렵다고 생각되어도 포기하지 말자. 그 책이 당신에게 중요한 책이라면 도전해보자.

입문서는 처음에 읽는 것이 아니라 아웃풋을 위해 읽는다

'알 수 없는 책'에는 2가지 종류가 있다. 하나는 '엉터리 책'이나 '독창적인 책', 저자의 체험만이 담긴 '재현할 수 없는 책'이다. 보통 이런 책들은 책 뒤에 참고 문헌 리스트가 없다.

또 하나는 '지금까지의 축적된 지식'이 필요한 책이다. 이러한 책을 읽고 싶다면 지식을 쌓아가는 수밖에 없다. 지식을 쌓을 때 효과적인 것은 교과서나 학습 참고서를 읽는 것이다. 그런데 이 방법보다 더 추천하는 방법이 있다. 그것은 그 책에 적힌 참고 문헌 리스트를 닥치는 대로 읽어보는 것이다.

재현성이 높은 양질의 책일수록 참고 문헌 리스트가 그 저자 의견의 근거가 된다. 참고 문헌 리스트에 있는 책을 읽음으로써 저자의 의견을 하나하나 검증할 수 있고, 저자의 사고 과정을 배울 수 있다. 이처럼 한계를 돌파해서 한층 더 높은 곳을 향해 가고 싶다면 참고 문헌 리스트를 닥치는 대로 읽어보자.

참고 문헌 목록을 닥치는 대로 모조리 다 읽은 후에 입문서를 활용해보는 것을 추천한다. 입문서는 이해하기 쉽기에, 당신이 아웃풋할 때의 기준이 된다. 이해하기 쉽게 설명하는 참고서로 사용할 수 있다.

처음 배울 때, 입문서보다 추천할 만한 책

처음 배울 때, 입문서보다 더 추천할 만한 것이 있다. 바로 만화책이다. 내 경우, 만화책으로 배운 것이 많다. 옛날에는 "만화만 보지 말고 공부해라"라며 아버지께 자주 혼났다.

하지만 만화는 우리의 호기심을 자극하고 우리를 새로운 이야기의 세계로 초대한다. 스토리를 통해 살아갈 힘을 안겨준다. 판타지나, SF, 공상과학에 관한 이야기뿐만이 아니라, 지금은 굉장히 많은 것이 만화화되어 있다.

노하우나 교양, 잡학, 역사, 정치, 종교 등 여러 가지가 있다. 데일 카네기(Dale Carnegie)의 《사람을 움직인다(한국어판 : 인간관계론)》나 스티븐 코비(Stephen Covey) 박사의 《7가지 습관(한국어판 : 스티븐 코비의 7가지 습관)》등 자기계발의 스테디셀러들도 만화화되어 있다.

물론, 예전부터 있었던 '일본의 역사', '세계의 위인'과 같은 학습만화 시리즈를 통해서도 배울 수 있지만, 주간지에 연재되는 어른을 위한 엔터테인먼트도 도움이 된다.

정치는《역사극화 다자이 오사무(歷史劇画大宰相)》를 추천한다. 원작은《소설 요시다학교》다. 전후 자민당의 역사를 배울 수 있다. 정치는 좀처럼 배우기 어렵지만, 사이토 타카오(斎藤隆夫) 씨의 만화《고르고13》을 통해 즐겁게 배울 수 있다.

나는 요코야마 미츠테루(橫山光輝) 씨의《삼국지》, 킹곤타(王欣太) 씨의《창천항로(원작자 이학인)》를 통해 역사를 배웠다. 촉나라의 유비 시점이라면《삼국지》, 위나라의 조조 시점이라면《창천항로》를 추천한다. 시점만 바뀌었을 뿐인데, 사물을 보는 방식이 전혀 달라지는 것이 재미있다. 중국 고전에 관해서는 채지충(蔡志忠) 씨의 사상 시리즈를 추천한다. 공자를 시작으로, 노자, 장자, 손자, 한비자뿐만 아니라 불교, 반야

심경, 선(禅)까지도 배울 수 있다.

만화는 배움뿐만 아니라 새로운 취미를 만드는 계기가
되어준다. 나는 《캡틴 츠바사》를 읽고 축구를 좋아하게 되었
고, 《슬램 덩크》를 읽고 농구를 좋아하게 되었다. 그리고 테니
스를 좋아하게 되었을 때, 《테니스의 왕자님》의 연재가 시작
되었다.

어떤 것의 계기가 되어준 것에는 늘 만화가 있었다. 호기심
을 불러일으키고, 만화 캐릭터 중 누군가에게 자신을 이
입해서 그 인물이 된 것 같은 기분을 안겨주는 것도 만화
의 매력이다. 만화는 우리를 새로운 세계로 데려가준다. 어
떤 분야의 입문서를 읽으려고 한다면, 입문서를 읽기 전에 만
화부터 시작하기를 추천한다.

책은 읽는다고 끝이 아니다. 읽고 나서 무엇을 할 것인가, 하는 아웃풋이 중요하다.

천재들의 습관을 살펴보면 많은 천재가 아침 시간을 활용해서 무언가를 배우고, 아웃풋했음을 알 수 있다. 오스트리아의 천재 작곡가 슈베르트(Schubert)는 어릴 때부터 매일 아침 6시가 되면 책상 앞에 앉아 오후 1시까지 줄곧 작곡을 했다고 한다. 독일의 문호 괴테(Goethe) 역시 창조적 에너지를 발휘할 수 있는 것은 아침밖에 없다며 매일 아침 책 1쪽 분량을 썼다.

레미제라블의 저자 빅토르 위고(Victor Hugo)도 새벽에 일어나 오전 1시까지 집필했다. 찰스 디킨스(Charles Dickens)

도 오전 7시에 일어나 8시에 아침 식사를 하고, 9시에 서재에 들어가 그곳에서 오후 2시까지 지내며 하루에 2,000단어 가까이 썼다. 건축가 르 코르뷔지에(Le Corbusier) 또한 오전 6시에 일어나 체조를 한 뒤, 아침 식사를 하고 오전 내내 그림을 그리거나 집필을 하며 창조적인 시간을 보냈다.

그런데 우리는 보통 온종일 두뇌가 같은 움직임을 보인다고 생각한다. 하지만 실제로는 일어나 있는 약 16시간 동안 두뇌의 상태는 계속 변하고 있다. 알코올을 섭취하면 취기가 올라 몸이 뜨거워지거나 멍하게 되는 것만큼이나 두뇌도 시시각각 변한다.

그래도 다행인 것은 이 변화는 규칙적이고 예측할 수 있다는 것이다. 그래서 시간대에 따라 최적의 작업이 달라진다. 아침이야말로 당신의 창의성을 극대화하는 시간이다. 아침은 하루 중 가장 창의적인 일을 하는 시간으로 정하자.

아침에 눈을 떠서 약 6시간 정도가 가장 중요하다. 기상 후 6시간 후에는 스트레스 물질인 코르티솔(cortisol)이 증

가하고 점심 식사와 함께 우리의 인지 능력은 불안정해진다. 의료 실수가 가장 발생하기 쉬운 시간이 오후 2~4시 즈음인 것도 이러한 것과 관련이 있다.

아침에는 공책이나 수첩을 꺼내 밤에 자기 전에 읽은 책을 얼마나 기억하는지 적어보는 것도 좋다. 게다가 아침 3분 독서에서 딱 펼쳤을 때 눈에 걸린 단어를 적어두는 것도 추천한다.

줄리아 캐머런(Julia Cameron)의 저서 《계속 하고 싶었던 일을 하라(한국어판 : 아티스트웨이)》에 소개된 '모닝 페이지' 도 효과적이다. '모닝 페이지'를 하는 방법은 굉장히 간단하다. 노트나 수첩을 펴서 30분간 머릿속에서 생각나는 대로 써보는 것이다. 창의적인 활동을 하는 사람일수록 아침 시간에 이런 '글 쓰는 명상'을 하고 있는 사람이 많다. 당신도 아침 시간에 크리에이티브를 위한 아웃풋을 해보자.

천재의 아웃풋 기술 ②
책에 쓴 글로
사고를 깊게 한다

아웃풋으로 추천할 만한 것은 책을 노트처럼 취급하는 마지널리아(marginalia)다. 이것은 책의 여백 공간에 글을 써넣는 것을 말한다.

천재나 일류인 사람들의 대부분은 귀중한 책이나 고전의 본문 공백에 메모를 써넣는다. 예를 들어, 프랑스의 역사인류학자 에마뉘엘 토드(Emmanuel Todd)도《에마뉘엘 토드의 사고지도(한국어판 : 인문학을 위한 사고지도)》에서 독서할 때 책에 직접 메모를 한다고 말했다. 천재들은 무언가를 메모함으로써 깊이 있는 사고를 하고자 했다.

이 기술의 포인트는 빠르고 지속적으로 메모하는 것이다.

Chapter **4** 불확실한 시대를 살아나가기 위한 '신 독서법' **177**

생각난 것을 그냥 그대로 적어보자. 책을 읽다가 아이디어가 떠오르면 책에 직접 메모해보자. 물론, 포스트잇에 쓰는 것도 괜찮다.

쓰는 도중에 주저하지 말자. 자신 안에 있는 데이터를 밖을 향해 써내려간다는 것이 중요하다. 메모할 때, 그림을 그리는 등 낙서 느낌이 나도 상관없다. 그러한 이미지를 이용하면 기억에도 남기 쉽고 학습 능력도 강화된다. 그리고 쓴 후에 분석해보면 자신의 사고 흐름을 이해할 수 있을 것이다. 생각이나 영감이 머리에 떠오를 때마다 써나가보자.

책에 선을 긋거나 무언가를 적어두면 과거의 자신과 연결되는 단서를 만들어둘 수 있다. 몇 년이 지난 뒤, 그 책을 돌아보면 생각지도 못한 선이나 메모에서 당시의 자기 기분이나 감정이 되살아날 것이다. 꼭 이 책의 여백에도 자유롭게 생각나는 대로 써보길 바란다.

세상을 보는 시각이 달라지는 새로운 독서법

성공자는 책을 읽은 후 어떻게 행동할까?

성공한 사람일수록 책을 읽고 그것으로 끝내는 것이 아니라 반드시 그 후에 행동을 한다.

행동 계획에 대해 참고할 만한 것이 워런 버핏(Warren Buffett)이 자신의 개인 비행기 조종사에게 말한 목표 달성 요령이다.

1. 종이에 목표를 25개 써본다.
2. 자신에게 무엇이 중요한지 잘 생각하고, 가장 중요한 5가지 목표에 동그라미 친다.
3. 동그라미를 치지 않은 20개의 목표를 눈으로 기억해둔다. 그러한 목표는 앞으로 신경 쓰지 않도록 한다. 산만하고 쓸데없이 시간과 에너지를 뺏겨 가장 중요한 목표에 집중할 수 없게 하기 때문이다.

이 방법은 굉장히 효과적이다. 나는 이 방법을 예전부터 활용하고 있다. 다만 워런 버핏을 따라갈 수는 없으니 중요한 목표는 조금 줄여서 3가지로 하고 있다. 뇌의 작업 기억 메모리는 3개인 편이 더 파악하기 쉽기 때문이다.

먼저 한 해의 목표, 설렘 리스트를 짠다. 그중 3가지를 고른다. 그리고 그 3가지의 연간계획을 세운다.

장기적인 목표 달성 방법은, '긴급성' → '모델' → '문제와 해결책' → '동료와 구조' → '한계 돌파' → '최대 난관' → '공명하는 세계'의 7개의 전개로 생각해본다. 자세한 것은 전작 《말의 힘을 높이면, 꿈이 이루어진다!》에서 해설하고 있다. 여기에서는 간단하게 설명하겠다.

- **긴급성** : 당신의 목표가 움직이기 시작하는, 긴급성이 높은 긍정적인 사건이란?
- **모델** : 당신의 목표를 이미 달성한 사람은? 그 사람이 쓴 책이 있는가?
- **문제와 해결책** : 새로운 것에 도전했을 때, 일어나는 통상적

인 장애는 무엇인가? 그 장애를 극복하는 계기가 되는 힘은 무엇인가?

- **동료와 구조** : 당신의 재능을 지지하는 팀원이나 구조는?
- **한계 돌파** : 어떤 분야의 압도적인 넘버원이 되고 있는가?
- **최대 난관** : 이 목표 중 가장 큰 난관은 어떤 것인가?
- **공명하는 세계** : 목표를 실현함으로써 당신의 인생은 어떻게 변화하는가?

이 7가지의 전개를 통해 장기적인 목표를 달성하기 위한 여러 가지 조건이 발견된다. 이를 3가지 목표 전체에 적용해도 되고, 하나만 해봐도 같은 패턴 전개가 존재한다는 것을 깨닫게 될 것이다.

중요한 것은 상승하기만 하는 계획이 아니라 장애나 문제를 상정해서 이에 대응하는 유연한 계획이 있다는 것이다. 그리고 그 조건 중에서 월간 목표를 다시 써낸다. 그다음 월간 목표를 3개로 좁혀 실행한다. 또한 그 3개로 좁힌 목표를 주 단위로 나눈다.

일주일 168시간 중 이 3가지에 해당하는 시간을 생각하고 이에 집중한다. 일이라면 8시간+잔업×5일=50시간인데, 이 50시간에 목표를 달성하는 데 필요한 조건을 충족시킬 만한 행동을 한다. 사생활이나 부업, 취미 등을 전체 시간에서 계산한다. 일, 수면, 식사·목욕 시간을 산출해보면 대략 40시간이 된다.

깨어 있는 시간의 최소 10~20% 정도를 목표 달성을 위한 시간으로 쓰고 싶은 경우, 16시간이면 약 2시간 안팎이다. 그렇다면 이 2시간을 목표 달성을 위해서 할당하고 집중적으로 행동하자.

세상을 보는 시각이 달라지는 새로운 독서법

'신 독서법'을 어렵지 않게
실천하는 습관

인간의 뇌는 효율적인 것을 좋아하기에 반복되는 행동은 습관화하기 쉽다. 습관화 요령에는 여러 가지가 있다. 그중 가장 간단한 것은 '가장 작은 형태로 만드는 것'이다.

《작은 습관(한국어판 : 습관의 재발견)》의 저자 스티븐 기즈(Stephen Guise)는 '습관을 작은 형태로 무리 없이 만드는 것이 굉장히 중요하다'라고 말한다. 새로운 습관은 2~3가지 정도, 1가지 습관을 시험 삼아 일주일간 이어가보자. 그것을 행하는 시간은 다 합쳐도 10분 안에 끝나는 것이 좋다. 그리고 '말도 안 될 정도로 쉽게 행할 수 있는' 것이 중요하다.

지금까지 이야기한 '신 독서법'에서는 '아침 3분 독서법'이 말도 안 될 정도로 쉽게 행할 수 있는 독서 습관이라고 할 수 있다. '하루 3분 독서법'도 괜찮다. 게다가 실패하지 않도록 '또는'을 생각하는 것이 비결이라고 기즈는 말하고 있다.

책을 3분간 읽는다. 또는 펼쳐진 2쪽을 읽는다. 이 정도로 충분하다. 이것이 독서를 습관화하는 첫 단계다. 다음 단계로 넘어가기 위해서는 시간을 들이는 것이 중요하다. 습관에는 '시간 기준', '행동 기준', '프리 스타일'이라고 하는 패턴이 있다.

이것은 굉장히 효과적이기 때문에 습관화하고 싶다면 반드시 따라주었으면 한다. 예를 들어보겠다.

시간 기준 : 나는 '아침 7시'에 책을 3분간 읽는다. 또는 '12시'에 읽는다.

행동 기준 : 나는 '아침 양치 후', 책을 3분간 읽는다. 또는, 자기 전에 '침대에 들어가' 책을 펄럭펄럭 넘기면서 잠든다.

세상을 보는 시각이 달라지는 새로운 독서법

프리스타일 : 특정한 기준 없이 24시간 이내에 책을 3분간 읽는다.

그래도 습관은 계속되다가도 끊길 수 있다. 우리는 습관이 계속되면 무의식적으로 그 양을 늘리고 보다 완벽하게 행하려고 한다. 하지만 어떤 해프닝을 맞이한 순간, 의욕을 잃게 된다. 완벽하게 했을 때일수록 끊겼을 때, 더 이상 할 수 없으면 그만두게 된다.

이때 참고할 수 있는 것이 미국의 베스트셀러 작가이자 인기 블로거인 존 에이커프(Jon Acuff)의 저서 《FINISH! 반드시 끝까지 해낼 사람이 되는 최고의 방법(한국어판 : 피니시 (FINISH) 힘 빼고, 가볍게 해내는 끝내기의 기술)》이다. 이 책에는 습관이 중간에 끊겼을 때, 그 습관을 다시 시작하는 방법이 담겨 있다.

그 방법은 정말 간단하다. 끊긴 타이밍부터 재시작하는 타이밍을 정하는 것이다. 타이밍만 정하면 몇 번이라도 다시 시작할 수 있다. 새롭게 목표를 세우면 몇 번이라도 다시 할 수 있다.

새해 시작, 3월 시작, 매 계절 초에 시작, 매달 첫날 시작, 일요일 시작, 월요일 시작, 생일 시작 등 어떤 때 시작해도 좋다. 중요한 것은 좌절해도 다시 시작할 수 있는 설정이다. 애초에 습관을 완벽하게 이어가는 사람은 없다.

우선은 하루 3분 독서부터 시작해서 이 행동을 반복해서 루틴화하자. 가능한 한 매일 같은 타이밍에 행동함으로써 점점 독서가 습관화될 것이다.

세상을 보는 시각이 달라지는 새로운 독서법

좋은 서점과의 만남은
좋은 책과의 만남으로 이어진다

지금까지 독서의 장점이나 독서 습관에 관해 이야기했다. 이 장에서는 양서를 만나는 방법에 관해 이야기해보자.

양서와의 만남은 각양각색이다. 멘토나 친구의 소개, 혹은 우연히 서점에서 책을 만나게 되는 경우도 있다. 내가 책을 읽는 계기가 된 것은, 간다 마사노리(神田昌典) 씨의《돈과 영어의 비상식적인 관계》를 지금은 없어진 서점인 북퍼스트 시부야점에서 만난 일이다. 여기서부터 계속해서 여러 가지 책을 만나게 되었다.

양서와 만날 때는, 어떠한 신호가 있다. 사이버 에이전트 후지타 스스무(藤田晋) 씨의《시부야에서 일하는 사장의 고백》과의 만남도 그랬다. 나의 모교인 아오야마가쿠인 대학 입학식에서 우연히 당시 학장 보좌인 S교수가 "우리 학교에서는 후지타 군이…"라고 말하는 것을 듣고 바로 북퍼스트 시부야점으로 달려갔다. 그 후, 그 책에 나오는 GMO 인터넷에 들어가게 되었고, 이는 내가 창업에 뜻을 두게 된 계기가 되었다.

좋은 서점은 좋은 책을 만나게 해준다. 그중 북퍼스트에는 계속 신세를 지고 있다. 지금은 폐업했지만, 시부야점에서는 인생을 바꿔줄 만한 책을 많이 만날 수 있었다. 북퍼스트 신주쿠점은 도내 최대의 책 재고 수를 자랑하며, 최근 화제가 되고 있는 책의 재고가 반드시 있다고 할 수 있을 정도이며, 잡지와 미디어 계통 도서도 굉장히 많다. 나는 여기서 책을 사는 데 800만 엔 가까이 썼다(여기서만 사용할 수 있는 포인트 카드에 75,000포인트 정도가 있다).

신주쿠에는 북퍼스트 외에도 기노쿠니야 서점이 있다. 기노쿠니야 신주쿠 본점은 층마다 테마가 있어 천천히 여유 있게 돌면서 그 책들에 푹 빠져들고 싶을 때 좋다. 기노쿠니야 신주쿠 본점 1층은 현시점 가장 화제의 책들이 즐비해 있

세상을 보는 시각이 달라지는 새로운 독서법

어 여기에 진열된 책들을 체크하면 '현재'를 알 수 있다.

조금 걸음을 옮겨 도쿄역에는 마루젠 마루노우치 본점이 있다. 이곳은 직장인들이 많은 지역이기에 조금 딱딱하고 내용이 꽉 찬 책을 찾고 싶을 때 추천한다. 나는 언제나 신칸센으로 출장을 갈 때, 이곳에 들러 책을 몇 권 산 후 신칸센 안에서 읽곤 한다.

에비스에 가면 유린도 아트레 에비스점이 있다. 유린도는 말랑말랑한 에세이나 자기계발 분야의 도서가 많다. 게다가 에비스에는 IT나 디자인 계열의 회사가 많기 때문에 스타트업 장르의 도서도 충실하게 구비되어 있다.

오사카에도 정말 좋아하는 서점이 많다.

먼저, 개인적으로 홍보나 판매 방식이 일본 제일이라고 느끼는 기노쿠니야 우메다 본점에 가면 요즘 가장 반응이 좋은 책들을 단번에 알 수 있다. 우메나에서 조금 떨어진 마루젠&준쿠도(MARUZEN&JUNKUDO) 우메다점은 나가사와 문구점이 들어가 있어 만년필의 매력에 푹 빠질 수 있다.

그 밖에도 나고야에는 JR나고야 타카시마야 백화점 내의 산세이도 나고야 본점, 후쿠오카는 마루젠 하카타점, 구마모토의 츠타야 서점 구마모토 산넨자카점, 도쿠시마라면 히라소, 카가와라면 미야와키 서점이 있다. 토호쿠나 홋카이도 지역이라면 후쿠시마의 준쿠도 코리야마점, 미야기의 마루젠 센다이 아에루점, 카나자와의 미라이야 서점, 삿포로의 기노쿠니야 서점 등 전국 각지에 좋아하는 서점이 분포되어 있다.

서점마다 색이 있고, 체인점이나 점포에 따라 개성이 있다. 개인적인 느낌이지만 정통의 느낌을 가진 것은 기노쿠니야 서점이고, 학술 쪽이라면 마루젠, 트렌드한 부분은 북퍼스트다. 에세이나 자기계발에 강한 쪽은 유린도, 세련되고 조금 마이너한 책이 많은 곳이라면 츠타야, 이벤트가 많은 느낌이 드는 것은 산세이도 서점이다.

이처럼 서점마다 진열 방식이나 메인으로 다루는 책이 다르다. 서점 담당자의 추천을 통해 구입하는 것도 있기에 서점마다 만날 수 있는 책이 달라진다. 그래서 나는 책은 오프라인 서점에서 사는 것을 추천한다.

세상을 보는 시각이 달라지는 새로운 독서법

서점은 보물산이다. 피드백의 보고이기도 하다. 서점 안에 들어가 잡지의 표지를 살펴보면 요즘 대세 배우나 아티스트를 파악할 수 있다. 거기에 쓰인 카피를 보면 최근 트렌드가 어떠한지 한눈에 보인다. 이를 통해 자신의 감각과 세상의 트렌드가 조화를 이루고 있는지 확인할 수 있다. 마케팅 능력을 키울 수도 있고, 그 지역의 특성을 살펴볼 수 있다. 그냥 발걸음을 옮기는 것만으로도 의미 있는 우연의 일치가 일어나는 특별한 장소다.

또한, 사지 않고 그저 가기만 하는 것이라면 돈도 들지 않으므로 서점에 발을 들여놓기만 하면 득이 되는 기분마저 든다.

서점에서 운명적인 책과 만나는 방법

책을 읽는 습관이 생기면 마음에 드는 서점을 만들자.

일주일에 한 번이나 한 달에 한 번 정도 가는 서점을 정하는 것이다. 책을 찾을 때는 서점에 들어가기 전에 자신의 목적을 생각하고 들어가는 것이 요령이다.

그러면 한층 더 빛나고 있는 책, 눈에 들어오는 책, 강하게 자신을 피력하는 책 등을 만날 수 있다. 또한, 자신의 전문 분야로 하고 싶은 책장의 책을 닥치는 대로 살펴보자(파손하거나 더럽히지 않도록 조심하자). 그러면 감이 오는 것이 있을 것이다. 그런 책을 찾으면 손에 쥐고 3분간 읽어보자.

"지금의 나에게 필요한 부분은 어디입니까?"

세상을 보는 시각이 달라지는 새로운 독서법

이렇게 물으면 당신이 지금 그 책이 필요할 경우, 그 책이 대답해줄 것이다. 팔랑팔랑 넘기다가 딱 펼쳐진 페이지에 답이 있다.

소름이 돋거나 등골이 오싹해지는 감각이 들거나 '음, 맞아. 그렇군'이라고 자신을 이끌어주는 문장이 있으면 그 책을 산다. 운명적인 한 권일지도 모른다. 그 느낌이 사라지기 전에 얼른 그 책을 카운터에 가지고 가서 사자. 그러다 보면 서점이 당신의 일상 속 고민 해결 장소가 될 것이다. 책과 서점이 당신 일상의 피로와 스트레스를 풀어주는 보호의 장이 되어 줄 것이다.

독서의 미래는
어떻게 될 것인가?

잡지 〈포브스〉의 '2020년 톱 10 경제경영서'로 선출된《2030년 모든 것이 '가속화'되는 세계에 대비하자(한국어판 : 컨버전스 2030-미래의 부와 기회)》에서는 미래 책의 형태를 예측해서 그려냈다. 그것은 SF작가 닐 스티븐슨(Neal Stephenson)이 1995년에 발표한 소설《다이아몬드 에이지(한국어판 : 다이아몬드 시대)》에서 묘사한 미래의 책, 그 자체다.

여기에 소개한 미래의 책은 AI를 탑재해서 개별 사용자에 맞게 내용을 커스터마이징(Customizing)하는 학습 툴이다. 유저의 질문에는 상황에 맞춰서 흥미를 유발할 수 있을 만한 답을 돌려준다. 센서를 사용해 유저의 에너지 레벨이나 당시에 안고 있는 감정을 모니터링해서 예상한 대로 성장시키기 위해 최적의 학습 환경을 만들어낸다.

그 책의 목적은 사람을 사회의 필요에 적합하게 하기 위해서가 아니라 강하고, 독립적이며, 공감력이 넘치고, 창의적인 사고를 할 수 있는 인간을 육성하는 것이다. 그리고 이는 이미 실현되고 있다.

또한, 조금 더 가까운 미래에 책은 자동 번역되어 한 언어로만 되어 있어도 읽을 수 있는 시대가 올 것이다. 킨들(Kindle)*이나 그 외의 이북 단말기로 자동 번역되는 시대가 온다. 기술적인 부분이라면 충분히 가능하다.

그때는 영어로 되어 있든, 중국어로 되어 있든 '번역' 버튼을 누르기만 해도 바로 일본어로 읽을 수 있게 된다. 이미 통상적인 일상 대화 정도면 자동 번역해주는 서비스가 생겨났다. 이와 마찬가지로 책도 자동 번역되어 어떤 언어로 되어 있든 쉽게 읽을 수 있는 시대가 올 것이다.

---

* 킨들(Kindle)은 아마존닷컴이 공개한 전자책(e-book) 서비스와 서비스를 사용하기 위한 기기 또는 어플리케이션(또는 앱)을 뜻하는 말이다. - 편집자 주.

어떤 언어든 자동 번역되는 시대, 심지어 AI가 탑재된 책이 가까운 미래에 나올 경우, 우리에게 필요한 것은 무엇일까? 그것은 지금까지 배운 빠르게 읽을 수 있는 본능적인 독서력과 쓰인 내용 이상의 것을 파고드는 이성적인 독서력을 통해 도출한 '새로운 물음'을 깊이 생각하는 힘이다.

미래 책의 탄생을 기대하면서도 어떤 시대든 살아나가기 위해서 '신 독서법'은 당신의 힘으로 만들어나갔으면 한다.

세상을 보는 시각이 달라지는 새로운 독서법

독서를 하면
어떤 일이 일어날까?

새로운 자신을 만날 수 있다

독서는 '마음을 울리는 한 문장을 만날 수 있는지 없는지'를 통해서 의미가 달라진다. 그 한 문장을 찾는 방법은 책을 활짝 열어 본능 군에게 선택받을 수도 있고, 깊이 있게 읽어 이성 군에게 논리적으로 이끌어낼 수도 있다. 그때 저자의 의견을 이해하는 것은 2차적인 문제다. 당신의 마음을 움직이는 한 문장이 당신의 삶을 지탱하고 도움을 준다.

지금은 앞을 내다볼 수 없는 불확실한 시대다. 이러한 시대를 살아가기 위해서는 지금 시점에서 세상을 보는 시각을 바꿔 새로운 '물음'과 '자신'을 만들어내는 것이 중요하다. 자신의 재능을 어떻게 사용하고, 어떤 선택을 할 것인가?

누군가에 의해 만들어진 인생을 걸을 것인가, 정말 좋아하는 일을 하는 인생을 걸을 것인가. 그 선택지는 당신 손안에 있다. 독서를 함으로써 삶을 스스로, 처음부터 만들어낼 수 있는 힘을 얻을 수 있다.

새로운 세상은 하나의 작은 행동에서 시작한다. 책을 손에 쥐자. 책을 손에 들고 페이지를 펴서 발견한 그 한 문장에서 새로운 걸음을 내딛자. 어떤 작은 걸음이라도 좋다. 행동함으로써 당신의 인생은 바뀔 것이다. 당신이 변함으로써 당신 주변이 변하고, 그렇게 세상은 더 나은 방향으로 향할 것이다.

독서를 하면 당신 곁에는 동료가 생긴다

당신은 혼자가 아니다. 책을 만지고, 열고, 읽을 때마다 그 책의 저자가 당신의 편이 되어준다. 고통스러울 때도, 힘들 때도, 무너질 것 같은 순간에도 당신 곁에 있으면서 당신에게 조언을 해줄 것이다.

그리고 어느덧 독서를 통해 소중한 동료가 생길 것이다. 지

세상을 보는 시각이 달라지는 새로운 독서법

금까지의 자신이라면 만날 수 없었던 사람, 만나고 있었지만, 지금까지는 마음에 와 닿지 않았던 사람. 그런 사람이 책을 읽음으로써 당신의 편이 되어준다.

마지막으로 감사를 전한다.

이 책은 나 혼자서 쓴 것이 아니다. 많은 선인의 책과 소중한 친구들, 그리고 편집자와의 대화 속에서 태어났다. 정말 감사하게 생각한다.

선마크 출판의 우에키 노부타카 사장, 가네코 나오미 편집장, 그리고 경영 컨설턴트이자 작가 간다 마사노리(神田昌典) 씨, 포토리딩 개발자 폴 R. 쉴리(Paul R. Scheele) 박사, 마인드맵 개발자 고(故) 토니 부잔(Tony Buzan) 씨, 스위스 로잔대학의 이브 피뉴르(Yves Pigneur) 교수, 다개국어 학습법의 신조 마사에 씨, 그리고 공명 리딩 강사 야마카와 유키 씨, 이쿠노 미요코 씨, 와타나베 마사야 씨, 타케다 에이코 씨. 퍼실리테이터인 이와이 카오리 씨, 오오타케 히데토시 씨, 카기하라 요시히로 씨, 가네코 준코 씨, 기타무라 시마 씨, 키구치 미키코 씨, 스즈키 준코 씨, 토미마스 키쿠코 씨, 니시오 타쿠마 씨, 니시와키 미에코 씨, 무라카미 히데노리 씨, 야마모토 세이이치로 씨, 야마모토 요코 씨, 그리고 온라인 살롱 멤버 여러분. 정말 감사합니다.

내 새로운 독서법을 읽어준 독자인 당신. 이 책은 당신의 인생이 조금이라도 향상되길 바라는 바람에서 썼다. 이 책을 통해 당신이 독서에 가진 죄책감이 사라지고 당신 주변에 책이 있는 일상이 이어졌으면 좋겠다.

끝까지 읽어줘서 진심으로 감사드린다. 책이 가져다주는 에너지로 한 사람이라도 더 많은 사람에게 좋은 일이 가득 찾아와 이상적인 인생에 공명한 매일이 찾아오길 바란다.

와타나베 야스히로

세상을 보는 시각이 달라지는 새로운 독서법

프롤로그
· 《2022-앞으로 10년, 활약할 사람이 되는 조건》 - 간다 마사노리(神田昌典) 저(PHP 연구소)
· 《3가지 원리》 - 로렌즈 타웁(Lawrence Taub) 저, 간다 마사노리 역(다이아 몬드사)
· 《Generations》 - 닐 하우(Neil Howe), 윌리엄 스트라우스(William Strauss) 저 (William Morrow & Co)
· 《세상을 보는 시각에 대해서》 - 류 신타로(笠信太郎) 저(카도카와)
· 《보는 법 생각하는 법》 - 마츠시타 코노스케(松下幸之助) 저(PHP 연구소)
· 《블랙 스완》 상하 권 - 나심 니콜라스 탈레브(Nassim Nicholas Taleb) 저, 모 치즈키 마모루(望月衛) 역(다이아몬드사)
· 《워크 시프트》 - 린다 그래튼(Lynda Gratton) 저, 이케무라 치아키(池村千秋) 역(프레지던트사)
· 《LIFE SHIFT》 - 린다 그래튼, 앤드루 J. 스콧(Andrew J. Scott) 저, 이케무라 치아키 역(토요경제신보사)
· 《뇌가 인정하는 공부법》 - 베네딕트 캐리(Benedict Carey) 저, 하나츠카 메 구미(花塚恵) 역(다이아몬드사)
· 《셀프 드리븐 차일드》 - 윌리엄 스틱스러드(William Stixrud), 네드 존슨(Ned Johnson) 저, 요다 타쿠미(依田卓巳) 역(NTT 출판)
· 《써먹을 수 있는 뇌로 단련하는 법》 - 피터 브라운(Peter Brown), 헨리 뢰 디거(Henry Roediger), 마크 맥대니얼(Mark Mcdaniel) 저, 요다 타쿠미 역 (NTT 출판)
· 《Learn Better》 - 울리히 보저(Ulrich Boser), 츠키타니 마키(月谷真紀) 역(에 이지 출판)
· 《How we Learn》 - 스타니슬라스 드앤(Stanislas Dehaene) 저(Viking)

· 《베스트셀러 코드》 - 조디 아처(Jodie Archer) 저, 카와조에 세츠코(川添節子) 역(닛케이BP)
· 《진화의 의외의 순서》 - 안토니오 다마시오(Antonio Damasio) 저, 타카하시 히로시(高橋洋) 역(하쿠요사)
· 《1권에 20분, 읽지 않고 이해할 수 있는 대단한 독서법》 - 와타나베 야스히로(渡邊康弘) 저(썬마크 출판)

Chapter 1

· 《프루스트와 오징어》 - 매리언 울프(Maryanne Wolf) 저, 코마츠 준코(小松淳子) 역(인터 시프트)
· 《디지털로 읽는 뇌×종이 책으로 읽는 뇌》 - 매리언 울프 저, 오타 나오코(大田直子) 역(인터 시프트)
· 《지식을 다루는 초독서술》 - 멘탈리스트 Daigo 저(칸키 출판)
· 《능력 있는 어른의 공부 뇌 만드는 법》 - 이케가야 유지(池谷裕二) 저(일본 도서 센터)
· 《콜린 로즈의 가속 학습법》 - 콜린 로즈(Colin Rose) 저, 모리 마유미(森眞由美) 편역(PHP연구소)
· 《How to Develop a Brilliant Memory Week by Week》 - 도미니크 오브라이언(Dominic O'Brien) 저(Shelter Harbor Pr)
· 《뇌는 '사물을 보는 시각'을 통해 진화한다》 - 뷰 로토(Beau Lotto) 저, 사쿠라다 나오미(桜田直美) 역(썬마크 출판)
· 《인생이 설레는 정리의 마법》 - 곤도 마리에(近藤麻理恵) 저(썬마크 출판)
· 《포토 리딩》 - 폴 R. 쉴리(Paul R.Scheele) 저(Learning Strategies Corp)
· 《당신도 지금보다 10배 빨리 책을 읽을 수 있다》 - 폴 R. 쉴리 저, 간다 마사노리 감수, 이노우에 쿠미(井上久美) 역(포레스트 출판)
· 《LIMITLESS 초가속 학습》 - 짐 퀵(Jim Kwik) 저, 미와 미야코(三輪美矢子) 역(동양경제신보사)
· 《뇌과학은 인격을 바꿀 수 있다?》 - 일레인 폭스(Elaine Fox) 저, 모리우치 카오루(森内薫) 역(문예춘추)
· 《쥬라기 코드》 - 와타나베 켄이치(渡邊健一) 저, 테레비 아사히 원안(쇼덴샤)
· 《내 아이가 선물일지도 모른다고 생각하면》 - 제임스 웨브(James T. Webb),

자넷 고어(Janet L. Gore), 에드워드 아멘드(Edward R. Amend) 저, 스미야 시오리(角谷詩織) 역(춘추사)
- 《뇌를 단련하려면 운동밖에 없다!》 - 존 레이티(John J. Ratey), 에릭 헤이거먼(Eric Hagerman) 저, 노나카 쿄코(野中香方子) 역(NHK 출판)
- 《Brain Inflamed》 - 케네스 보크(Kenneth Bock) 저(Piatkus Books)
- 《The BRAIN》 - 데이비드 이글먼(David Eagleman) 저(Canongate Books Ltd)
- 《메타인지 기초와 응용》 - 존 던로스키(John Dunlosky), 자넷 멧칼프(Janet Metcalfe) 저, 유카와 료조(湯川良三), 긴조 히카루(金城光), 시미즈 히로유키(清水寛之) 역(키타오지쇼보)
- 《감각, 지각 및 심리 생리학적 과정의 최면성 변용》 - 밀턴 에릭슨(Milton H. Erickson) 저, 어니스트 L. 로시(Ernest L. Rossi) 엮음, 하시로 마코토(羽白誠) 감역(니헤이샤)
- 《당신의 '천재'를 찾는 방법》 - 엘렌 랭거(Ellen Langer) 저, 카토 타이조(加藤諦三) 역(PHP 연구소)
- 《최강의 집중력》 - 니르 이얄(Nir Eyal), 줄리 리(Julie Li) 저, 노나카 쿄코(野中香方子) 역(닛케이 BP)
- 《UCLA 의학부 교수가 가르쳐주는 과학적으로 증명된 궁극의 해내는 힘》 - 션 영(Sean Young) 저, 코지마 오사무(児島修) 역(토요경제신보사)
- 《그래도 더욱 사람을 사랑하라》 - 켄트 M. 키스(Kent M. Keith) 저, 오오우치 히로시(大内博) 역(하야카와쇼보)

Chapter 2
- 《세 가지 뇌의 진화》 - 폴 맥린(Paul D. MacLean) 저, 홋쿄 노보루(法橋登) 역(고우사쿠샤)
- 《삶의 방식》 - 이나모리 가즈오(稲盛和夫) 저(썬마크 출판)
- 《거울 뉴런》 - 자코모 리졸라티(Giacomo Rizzolatti), 코라도 시니갈리아(Corrado Sinigaglia) 저, 모기 켄이치로(茂木健一郎) 감수, 시바타 야스시(柴田裕之) 역(키노쿠니야 서점)
- 《독서의 기법》 - 사토 마사루(佐藤優) 저(토요경제신보사)
- 《뇌 연구 최전선》 - 조너선 D. 모레노(Jonathan D. Moreno), 제이 슐킨(Jay Schulkin) 저, 사토 야스히코(佐藤弥) 감역, 오츠카 미나(大塚美菜) 역(뉴턴프레스)

· 《마인드워즈 조작되는 뇌》 - 조너선 D. 모레노 저, 쿠보타 키소우(久保田競) 감역, 니시오 카나에(西尾香苗) 역(아스키 미디어웍스)

· 《Eye and Brain》 - 리처드 L. 그레고리(Richard L. Gregory) 저(Weidenfeld Nicolson Illustrated)

· 《Fast & Slow》 상하 권 - 대니얼 카너먼(Daniel Kahneman) 저, 무라이 아키코(村井章子) 역(하야카와쇼보)

· 《해내는 사람의 9가지 습관》 - 하이디 그랜트 할버슨(Heidi Grant Halvorson) 저, 하야시다 레지리 히로후미(林田レジリ浩文) 역(디스커버 트웬티원)

· 《팀이 제대로 활약하기 위해서는 어떻게 해야 할까?》 - 에이미 에드먼드슨(Amy C. Edmondson) 저, 노즈 토모코(野津智子) 역(에이지 출판)

· 《두려움이 없는 조직》 - 에이미 에드먼드슨 저, 노즈 토모코 역(에이지 출판)

· 《책을 읽을 때 무슨 일이 일어나고 있는가》 - 피터 멘델선드(Peter Mendelsund) 저, 호소야 유이코(細谷由依子) 역(필름 아트사)

· 《기억과 정동의 뇌과학》 - 제임스 맥거(james McGaugh) 저, 쿠보타 키소우, 오오이시 타카오(大石高生) 감역(고단샤)

· 《목부터 아래에서 생각하라》 - 사이언 베일록크(Sian Beilock) 저, 사츠마 미치코(薩摩美知子) 역(썬마크 출판)

· 《SPEED READING》 - 토니 부잔(Tony Buzan) 저(Plume)

Chapter 3

· 《Think clearly 최신 학술연구에서 이끌어낸 더 나은 삶을 살기 위한 사고법》 - 롤프 도벨리(Rolf Dobelli) 저, 야스하라 미츠(安原実津) 역(썬마크 출판)

· 《FULL POWER 과학이 증명한 자신을 바꾸는 최강 전략》 - 벤저민 하디(Benjamin Hardy) 저, 마츠마루 사토미(松丸さとみ) 역(썬마크 출판)

· 〈Recall of previously unrecallable information following a shift in perspective〉 - 리처드 앤더슨(Richard C. Anderson), 제임스 피커르트(James W. Pichert) 저, 〈Journal of Verbal Learning and Verbal Behavior〉 1978년 2월호

· 《도쿄대 독서》 - 니시오카 잇세이(西岡壱誠) 저(동양경제신보사)

· 《도쿄대학 가정교사가 가르쳐주는 머리가 좋아지는 독서법》 - 요시나가 켄이치(吉永賢一) 저(중경 출판)

세상을 보는 시각이 달라지는 새로운 독서법

· 《왜 독해력이 필요한가?》 – 이케가미 아키라(池上彰) 저 (고단샤)
· 《초일류가 실천하는 사고법을 전 세계에서 모아 한 권으로 정리해보았다》 – 가브리엘 와인버그(Gabriel Weinberg), 로런 매캔(Lauren McCann) 저, 코하마 하루카(小浜杳) 역(SB크리에이티브)
· 《밤을 뛰어넘는다》 – 마타요시 나오키(又吉直樹) 저 (쇼가쿠칸)
· 《패러그래프 리딩 전략 1 – 읽는 법·푸는 법 편》 – 시마다 히로후미(島田浩史), 요네야마 타츠로(米山達郎), 후쿠자키 고로(福崎伍郎) 저(카와이 출판)
· 《Discourse Marker 영문 독해》 – 히비노 카츠야(日比野克哉), 나리타 아유미(成田あゆみ) 저(Z회)
· 《English Booster 대입 영어 스타트북》 – 이시카와 카즈마사(石川和正), 사토나카 테츠히코(里中哲彦), 나리카와 히로야스(成川博康), 하야카와 카츠미(早川勝己), 무라세 토오루(村瀬亨) 저(가쿠엔 플러스)
· 《생각하는 기술·쓰는 기술》 – 바바라 민토(Barbara Minto) 저, 야마자키 코지(山﨑康司) 역(다이아몬드사)
· 《잘 전달할 수 있는 웹 라이팅》 – 니콜 펜튼(Nicole Fenton), 케이트 키퍼 리(Kate Kiefer Lee) 저, 엔도 야스코(遠藤康子) 역(BNN사)
· 《브랜딩의 과학》 – 바이런 샤프(Byron Sharp) 저, 카토 타쿠미(加藤巧) 감역, 마에히라 켄지(前平謙二) 역(아사히신문 출판)
· 《브랜딩의 과학 신시장 개척 편》 – 바이런 샤프, 제니 로마니욱(Jenni Romaniuk) 저, 카토 타쿠미(加藤巧) 감역, 마에히라 켄지 역(아사히신문 출판)
· 《비저너리 컴퍼니》 – 짐 콜린스(Jim Collins), 제리 포라스(Jerry I. Porras) 저, 야마오카 요이치(山岡洋一) 역(닛케이 BP)
· 《비저너리 컴퍼니 2 – 비약의 법칙》 – 짐 콜린스 저, 야마오카 요이치역(닛케이 BP)
· 《비저너리 컴퍼니 3 – 쇠퇴의 5단계》 – 짐 콜린스 저, 야마오카 요이치 역(닛케이 BP)
· 《비저너리 컴퍼니 4 자신의 의지로 위대해진다》 – 짐 콜린스, 모든 한센(Morten Hansen) 저, 마기노 요우(牧野洋) 역(닛케이 BP)
· 《BE 2.0》 – 짐 콜린스, 윌리엄 레지어(William Lazier) 저(Portfolio)
· 영화 〈사랑에 대한 모든 것(The Theory of Everything)〉 – 제임스 마쉬(James Marsh) 감독, 안토니 맥카튼(Anthony McCarten) 각본

· 《The New Long Life》 - 앤드루 J. 스콧(Andrew J. Scott), 린다 그래튼 (Lynda Gratton) 저(Bloomsbury Publishing)

· 《초일류가 되기 위해서는 노력일까? 재능일까?》 - 안데르스 에릭슨(Anders Ericsson), 로버트 풀(Robert Pool) 저, 히지카타 나미(土方奈美) 역(문예춘추)

· 《해내는 힘》 - 앤젤라 더크워스(Angela Duckworth) 저, 칸자키 아키코(神崎朗子) 역(다이아몬드사)

· 《돈과 영어의 비상식적인 관계》 상하 권 - 간다 마사노리 저(포레스트 출판)

· 《시부야에서 일하는 사장의 고백》 - 후지타 스스무(藤田晋) 저(겐토샤)

· 《울트라 러닝》 - 스콧 영(Scott Young) 저, 코바야시 아키히토(小林啓倫) 역 (다이아몬드사)

· 《우리가 매일 하고 있는 최강의 독서법》 - 이케가미 아키라(池上彰), 사토 마사루(佐藤優) 저(동양경제신보사)

· 《평범한 기억력의 내가 1년 만에 전미 기억력 챔피언이 될 수 있었던 이유》 - 조슈아 포어(Joshua Foer) 저, 카지우라 마사미(梶浦真美) 역(엑스놀리지)

· 《전미 기억력 챔피언이 밝히는, 그 어떤 것도 기억할 수 있는 기술》 - 넬슨 델리스(Nelson Dellis) 저, 요시하라 카렌(吉原かれん) 역(엑스놀리지)

· 《잭 웰치의 우리 경영》 상하 권 - 잭 웰치(Jack Welch), 존 번(John Byrne)저, 미야모토 요시카즈(宮本喜一) 역(일본경제신문 출판)

· 《만화로 이해하는 카네기》 - 후지야 신지(藤屋伸二) 감수, nev 만화(타카라지마사)

· 《만화로 이해하는 7가지 습관》 - Franklin Covey Japan 감수, 코야마 카리코(小山鹿梨子) 만화(타카라지마사)

· 《역사극화 다자이 오사무》 전 10권 - 사이토 타카오(さいとうたかを) 저, 토가와 이사무(戸川猪佐武) 원작(고단샤)

· 《소설 요시다 학교》 전 8권 - 토가와 이사무 저(가쿠요쇼보)

· 《삼국지 전 60권》 - 요코야마 미츠테루(横山光輝) 저(우시오 출판사)

· 《창천항로》 전 36권 - 킹콘타(王欣太) 만화, 이학인 원작(고단샤)

· 《계속 하고 싶었던 일을 하라》 - 줄리아 캐머런(Julia Cameron) 저, 스가 야스히코(菅靖彦) 역(썬마크 출판)

· 《에마뉘엘 토드의 사고지도》 - 에마뉘엘 토드(Emmanuel Todd) 저, 오오노

마이(大野舞) 역(치쿠마쇼보)

·《천재들의 일과》 – 메이슨 커리(Mason Currey) 저, 카네하라 미즈히토(金原瑞人), 이시다 후미코(石田文子) 역(필름아트사)

·《쓰고 싶어 하는 뇌》 – 앨리스 플래허티(Alice W. Flaherty) 저, 요시다 토시코(吉田利子) 역(랜덤하우스 고단샤)

·《작은 습관》 – 스티븐 기즈(Stephen Guise) 저, 다구치 미와(田口未和) 역(다이아몬드사)

·《FINISH! 반드시 끝까지 해낼 사람이 되는 최고의 방법》 – 존 에이커프(Jon Acuff) 저, 하나츠카 메구미(花塚恵) 역(다이아몬드사)

·《When 완벽한 타이밍의 과학》 – 다니엘 핑크(Daniel Pink) 저, 카츠마 카즈요(勝間和代) 역(고단샤)

·《시간 투자 사고》 – 로리 바덴(Rory Vaden) 저(다이렉트 출판)

·《최고의 효과를 얻는 타이밍》 – 마이클 브레우스(Michael Breus) 저, 하세가와 케이(長谷川圭) 역(팬롤링)

·《Think Again》 – 애덤 그랜트(Adam Grant) 저(WH Allen)

·《펜로즈의 비틀린 4차원》 – 타케우치 카오루(竹内薫) 저(고단샤)

·《Fashion, Faith, and Fantasy in the New Physics of the Universe》 – 로저 펜로즈(Roger Penrose) 저(Princeton University Press)

·《말의 힘을 높이면 꿈이 이루어진다!》 – 와타나베 야스히로(渡邊康弘) 저(썬마크 출판)

·《2030년, 모든 것이 가속되는 세계에 대비하라》 – 피터 디아만디스(Peter Diamandis), 스티븐 코틀러(Steven Kotler) 저, 히지카타 나미 역(뉴스픽스 퍼블리싱)

·《다이아몬드 에이지》 – 닐 스티븐슨(Neal Stephenson) 저, 히구라이 마사미치 역(하야카와쇼보)

· 영화 〈신 고질라〉 – 안노 히데아키(庵野秀明) 각본·편집·총감독/히구치 마사츠구(樋口真嗣) 감독

· 영화 〈에반게리온 극장판〉 – 안노 히데아키 기획·원작·각본/니시키오리 아츠시(錦織敦史) 총작화 감독

'되고 싶은' 자신을 위해서 어떤 분야가 필요한지 여러 가지를 고른 후, 우선은 그중 10권을 정해서 읽어보자.

■ 학습·독서

1. 《책을 읽는 책》 - M.J. 아들러(Mortimer Jerome Adler), 찰스 밴 도렌(Charles Van Doren) 저, 토야마 시게히코(外山滋比古), 마키 미치코(槇未知子) 역(고단샤)
2. 《당신도 지금까지의 10배 빠르게 책을 읽을 수 있다》 - 폴 R. 쉴리(Paul R. Scheele) 저, 간다 마사노리(神田 昌典) 감수, 이노우에 쿠미(井上久美) 역(포레스트 출판)
3. 《더 마인드맵》 - 토니 부잔(Tony Buzan), 배리 부잔(Barry Buzan) 저, 치카다 미키코(近田美季子) 역(다이아몬드사)
4. 《SPEED READING》 - 토니 부잔 저(Plume)
5. 《아인슈타인 팩터》 - 윈 웽거(Win Wenger), 리처드 포(Richard Poe) 저, 다나카 타카아키(田中孝顕) 역(기코쇼보)
6. 《뇌가 인정하는 공부법》 - 베네딕트 캐리(Benedict Carey) 저, 하나츠카 메구미(花塚恵) 역(다이아몬드사)
7. 《셀프 드리븐 차일드》 - 윌리엄 스틱스러드(William Stixrud), 네드 존슨(Ned Johnson) 저, 요다 타쿠미(依田卓巳) 역(NTT 출판)
8. 《ULTRA LEARNING 초 자습법》 - 스콧 영(Scott Young) 저, 코바야시 케이린(小林啓倫) 역(다이아몬드사)
9. 《UCLA 의학부 교수가 가르치는 과학적으로 증명된 궁극의 '해내는 힘'》 - 션 영(Sean Young) 저, 코지마 오사무(児島修) 역(토요경제신보사)
10. 《해내는 힘》 - 앤절라 더크워스(Angela Duckworth) 저, 카미사키 아키코(神崎朗子) 역(다이아몬드사)
11. 《초일류가 되는 것은 재능인가 노력인가?》 - 안데르스 에릭슨(Anders Ericsson), 로버트 풀(Robert Pool) 저, 히지카타 나미(土方奈美) 역(문예춘추)

12. 《뇌를 단련하려면 운동밖에 없다!》- 존 레이티(John J. Ratey), 에릭 헤이거먼(Eric Hagerman) 저, 노나카 쿄코(野中香方子) 역(NHK 출판)

13. 《하버드 메디컬스쿨 식 인생을 바꾸는 집중력》- 폴 해머니스(Paul Hammerness), 마가렛 무어(Margaret Moore), 존 행크(John Hanc) 저, 모리타 유미(森田由美) 역(분쿄샤)

14. 《성공하려면 긍정적 사고를 버려라》- 가브리엘 외팅겐(Gabriele Oettingen) 저, 오타 나오코(大田直子) 역(고단샤)

15. 《잠재능력을 최고로 끌어내는 법》- 숀 에이커(Shawn Achor) 저, 다카하시 유키코(高橋由紀子) 역(토쿠마 서점)

16. 《지극히 평범한 기억력의 내가 1년 만에 전미 기억력 챔피언이 될 수 있었던 이유》- 조슈아 포어(Joshua Foer) 저, 카지우라 마미(梶浦真美) 역(익스너리지)

17. 《지식의 기법 입문》- 고바야시 야스오(小林康夫), 오사와 마사치(大澤真幸) 저(가와데쇼보신사)

18. 《Think clearly 최신 학술연구에서 이끌어낸 더 나은 삶을 살기 위한 사고법》- 롤프 도벨리(Rolf Dobelli) 저, 야스하라 미츠(安原実津) 역(썬마크 출판)

19. 《FULL POWER 과학이 증명한 자신을 바꾸는 최강 전략》- 벤저민 하디(Benjamin Hardy) 저, 마츠마루 사토미(松丸さとみ) 역(썬마크 출판)

20. 《최강의 집중력》- 니르 이얄(Nir Eyal), 줄리 리(Julie Li) 저, 노나카 쿄코 역(닛케이 BP)

21. 《뇌를 단련하는 최강 프로그램》- 제임스 해리슨(James Harrison) 저, 사쿠라이 카오리(櫻井香織) 역(화학 동인)

22. 《1권 20분, 읽지 않고 이해할 수 있는 대단한 독서법》- 와타나베 야스히로(渡邊康弘) 저(썬마크 출판)

23. 《30일 만에 영어를 말할 수 있는 다중 언어 구사 방법》- 신조 마사에(新条正恵) 저(칸키 출판)

24. 《에브리데이 지니어스》- 피터 클라인(Peter Kline) 저, 간다 마사노리 감수, 이노데 히로타카(井出野浩貴), 나가타 스미에(永田澄江) 역(포레스트 출판)

25. 《Drop Into Genius》- 폴 R. 쉴리 저(ebook)

■ 자기계발·에세이

1.《비상식적 성공 법칙》- 간다 마사노리 저(포레스트 출판)

2.《즐겁지 않으면 일이 아니다》- 호시바 유미코(干場弓子) 저(동양경제신보사)

3.《소스》- 마이크 맥매너스(Mike McManus) 저, 휴이 요코(ヒューイ陽子) 역
(보이스)

4.《계속하고 싶었던 일을 하라》- 줄리아 캐머런(Julia Cameron) 저, 스가 야
스히코(菅靖彦) 역(썬마크 출판)

5.《인생을 바꾸는 모닝 메소드》- 할 엘로드(Hal Elrod) 저, 시카다 마사미(鹿
田昌美) 역(다이와쇼보)

6.《TQ》- 하이럼 W. 스미스(Hyrum W. Smith) 저, 오키 마코토(黄木信), 제임
스 스키너(James Skinner) 역(SB 크리에이티브)

7.《7가지 습관》- 스티븐 코비(Stephen Covey) 저, 프랭클린 코비 재팬(FRANK-
LIN COVEY JAPAN) 역(킹 베어 출판)

8.《반드시 성공하는 25가지 법칙》- 잭 캔필드(Jack Canfield) 저, 우에야마 슈
이치로(植山周一郎) 역(쇼가쿠칸)

9.《베스트 파트너가 되기 위하여》- 존 그레이(John Gray) 저, 오시마 나기사
(大島渚) 역(미카사쇼보)

10.《역사상 최고의 세미나》- 마이크 리트먼(Mike Litman), 제이슨 오만(Ja-
son Oman) 저, 카와모토 타카유키(河本隆行) 감역(기코쇼보)

11.《잔혹한 성공 법칙》- 에릭 바커(Eric Barker) 저, 다치바나 아키라(橘玲)
감역, 타케나카 테루미(竹中てる実) 역(아스카 신샤)

12.《원인과 결과의 법칙》- 제임스 앨런(James Allen) 저, 사카모토 코이치
(坂本貢一) 역(썬마크 출판)

13.《Letters to ME》- 알렉스 로비라(Alex Rovira Celma) 저, 타우치 시몬
(田内志文) 역(포플러사)

14.《5년 후의 자신을 계획하자》- 셰인 J. 로페즈(Shane J. Lopez) 저, 모리시
마 마리(森嶋マリ) 역(문예춘추)

15.《당신은 언제라도 OK!》- 루이스 L. 헤이(Louise L. Hay) 저, 스미토모 스
스무(住友進) 역(디스커버 트웬티원)

16.《당신의 재능을 끌어내는 레슨》- 마리 폴레오(Marie Forleo) 저, 다키시
타 카나요(瀧下哉代) 역(카도카와)

세상을 보는 시각이 달라지는 새로운 독서법

17.《불안을 자신감으로 바꾸는 수업》- 크리스틴 울머(Kristen Ulmer) 저, 타카사키 타쿠야(高崎拓哉) 역(디스커버 트웬티원)

18.《진정한 사랑과 꿈을 손에 넣은 여성의 이야기》- 마크 피셔(Mark Fisher) 저, 츠네자와 카호코(経沢香保子) 역(주부의 친구사)

19.《유명인이 된다는 것》- 카츠마 카즈요(勝間和代) 저(디스커버 트웬티원)

20.《자신을 바꾸는 레슨》- 와타나베 카오루(ワタナベ薫) 저(다이와쇼보)

21.《칸자키 메구미의 Private Beauty Book》- 칸자키 메구미(神崎恵), 저(다이와쇼보)

22.《돈의 신으로부터 사랑받는 '3행 노트'의 마법》- 후지모토 사키코(藤本さきこ) 저(카도카와)

23.《생각하는 것으로부터, 모든 것은 시작된다》- 우에키 노부타카(植木宣隆) 저(썬마크 출판)

24.《법칙》- 후나이 유키오(舩井幸雄) 저(썬마크 출판)

25.《삶의 방식》- 이나모리 가즈오(稲盛和夫) 저(썬마크 출판)

■ 인생·전기

1.《피터 드러커 명저집12 방관자의 시대》- 피터 드러커(Peter Ferdinand Drucker) 저, 우에다 아츠오(上田惇生) 역(다이아몬드사)

2.《Innovation of Life》- 클레이튼 크리스텐슨(Clayton M. Christensen), 제임스 올워스(James Allworth), 캐런 딜론(Karen Dillon) 저, 사쿠라이 유코(櫻井祐子) 역(슈에이샤)

3.《샤넬, 혁명의 비밀》- 리사 채니(Lisa Chaney) 저, 나카노 카오리(中野香織), 역(디스커버 트웬티원)

4.《베르나르 아르노, 말하다》- 베르나르 아르노(Bernard Arnault) 저, 스기미하루(杉美春) 역 (닛케이 BP)

5.《스티브 잡스》전 2권 - 월터 아이작슨(Walter Isaacson) 저, 이구치 코지(井口耕二) 역(고단샤)

6.《Spotify》- 스벤 칼손(Sven Carlsson), 요나스 레이욘휘부드(Jonas Leijon-hufvud) 저, 이케가미 아키코(池上明子) 역(다이아몬드사)

7.《NO RULES 세계에서 가장 자유로운 회사, NETFLIX》- 리드 헤이스팅스(Reed Hastings), 에린 메이어(Erin Meyer) 저, 히지카타 나미 역(일본경제신

문 출판)

8. 《트레일 블레이저》 - 마크 베니오프(Marc Benioff), 모니카 랭글리(Monica Langley) 저, 와타나베 노리코(渡部典子) 역(토요경제신보사)

9. 《1조 달러 코치》 - 에릭 슈미트(Eric Emerson Schmidt), 조너선 로젠버그(Jonathan Rosenberg), 앨런 이글(Alan Eagle) 저, 사쿠라이 유코 역(다이아몬드사)

10. 《현대어 역 후쿠옹자전》 - 후쿠자와 유키치(福澤諭吉) 저, 사이토 타카시(齊藤孝) 편역(치쿠마쇼보)

11. 《시부사와 에이이치 자전》 - 시부사와 에이이치(渋沢栄一) 저(카도카와)

12. 《혼다 소이치로 꿈을 힘으로》 - 혼다 소이치로(本田宗一郎) 저(일본경제신문 출판)

13. 《사지 케이조와 카이코 타케시 최강의 두 사람》 - 키타 야스토시(北康利)(고단샤)

14. 《이부카 마사루 사물에 구애되지 않고 유쾌해진다》 - 이부카 마사루(井深大) 저(니혼게이자이신문 출판)

15. 《노포의 방식》 - 쿠로카와 미츠히로(黒川光博), 사이토 미네아키(齋藤峰明) 저(신초샤)

16. 《붉은 책(텍스트 판)》 - 카를 구스타프 융(Carl Gustav Jung) 저, 카와이 토시오(河合俊雄) 감역, 다나카 야스히로(田中康裕), 타카즈키 레이코(高月玲子), 이노마타 츠요시(猪股剛) 역(소겐샤)

17. 《오드리 헵번의 말》 - 야마구치 미치코(山口路子) 저(다이와쇼보)

18. 《나의 세계관》 - 에르빈 슈뢰딩거(Erwin Schrödinger) 저, 하시모토 호우케이(橋本芳契) 감수, 나카무라 료우쿠(中村量空) 역(지쿠마쇼보)

19. 《프랭클린 자전》 - 벤자민 프랭클린(Benjamin Franklin) 저, 마츠모토 신이치(松本慎), 니시카와 마사미(西川正身) 역(이와나미 서점)

20. 《빛나는 도시》 - 르 코르뷔지에(Le Corbusier) 저, 사카쿠라 준조(坂倉準三) 역(카시마 출판회)

21. 《이와타 씨》 - 호보니치 이토이 신문 엮음(주식회사 호보니치)

22. 《스노우볼 워런 버핏》 상하 권 - 앨리스 슈뢰더(Alice Schroeder) 저, 후시미 이완(伏見威蕃) 역(일본경제신문 출판)

23. 《달리》 - 살바도르 달리(Salvador Dali) 저, 오즈치 토모카(音土知花) 역(마루샤)

세상을 보는 시각이 달라지는 새로운 독서법

24.《원칙 없는 일본》- 시라스 지로(白洲次郎) 저(신초샤)

25.《Invent & Wander》- 제프 베조스(Jeff Bezos) 저하버드 비즈니스 리뷰 프레스)

■ 비즈니스 스킬, 업무술, 세일즈, 마케팅, 프레젠테이션, 문장술

1.《주 4시간만 일한다》- 티모시 페리스(Timothy Ferriss) 저, 다나카 쥰(田中じゅん) 역(세이시샤)

2.《LEAN IN》- 셰릴 샌드버그(Sheryl Sandberg) 저, 무라이 아키코(村井章子) 역(일본경제신문 출판)

3.《최대의 효과를 내는 업무 기술》- 제니퍼 화이트(Jennifer White) 저, 사카이 타이스케(酒井泰介) 역(PHP 연구소)

4.《당신은 어떻게 보이고 있는가》- 샐리 호그셰드(Sally Hogshead) 저, 시라쿠라 미키코(白倉三紀子) 역(파이 인터내셔널)

5.《PICK THREE》- 랜디 주커버그(Randi Zuckerberg) 저, 미와 미야코(三輪美矢子) 역(토요경제신보사)

6.《돈을 버는 힘 르네상스 프로젝트》- 시부이 마호(渋井真帆) 저(다이아몬드사)

7.《자신을 예약하는 수첩 기술》- 사사키 카오리(佐々木かをり) 저(다이아몬드사)

8.《매각하지 않아도 팔린다!》- 자크 위스(Jacques Werth), 니콜라스 루벤(Nicholas Ruben) 저, 사카모토 키쿠코(坂本希久子) 역, 간다 마사노리 감수(포레스트 출판)

9.《생각하는 기술 쓰는 기술》- 바바라 민토(Barbara Minto) 저, 야마자키 코지(山崎康司) 역(다이아몬드사)

10.《수평적 사고 입문》- 폴 슬론(Paul Sloane) 저, 디스커버 편집부 역(디스커버 트웬티원)

11.《최고의 대답이 번뜩이는 12개의 사고 도구》- 이안 앳킨슨(Ian Atkinson) 저, 사사야마 유코(笹山裕子) 역(BNN사)

12.《더 프레젠테이션》- 낸시 듀아르테(Nancy Duarte) 저, 나카니시 마유미(中西真雄美) 역(다이아몬드사)

13.《라이트, 켜져 있습니까》- 도널드 고즈(Donald C. Gause), 제럴드 와인버그(Gerald M. Weinberg) 저, 기무라 이즈미(木村泉) 역(쿄리츠 출판)

14. 《와인버그 문장 독본》 - 제럴드 와인버그 저, 이즈하라 유미(伊豆原弓) 역 (쇼에이샤)

15. 《연수 개발 입문》 - 나카하라 쥰(中原淳) 저(다이아몬드사)

16. 《사람을 돕는다는 것은 어떤 것인가》 - 에드거 샤인(Edgar H. Schein) 저, 카나이 토시히로(金井壽宏) 감수, 카나이 마유미(金井真弓) 역(에이지 출판)

17. 《신판 코칭의 기본》 - 코치 에이(コ_チ·エィ) 저, 스즈키 요시유키(鈴木義幸) 감수(일본실업출판사)

18. 《실리콘밸리식 최강의 인재 육성법 키우는 법》 - 세코 노리카즈(世古詞一) 저(칸키 출판)

19. 《궁극의 세일즈 레터》 - 댄 케네디(Dan Kennedy) 저, 간다 마사노리 감역, 사이토 노리코(齋藤慎子) 역(토요경제신보사)

20. 《잘 전달되는 웹 라이팅》 - 니콜 펜튼(Nicole Fenton), 카이트 키퍼 리(Kate Kiefer Lee) 저, 엔도 야스코(遠藤康子) 역(비엔엔신사)

21. 《콘텐츠 마케팅 64의 법칙》 - 앤 핸들리(Ann Handley) 저(다이렉트 출판)

22. 《전설의 카피라이팅 실천 바이블》 - 로버트 콜리어(Robert Collier) 저, 간다 마사노리 감역, 사이토 노리코 역(다이아몬드사)

23. 《더 카피라이팅》 - 존 케이플스(John Caples) 저, 간다 마사노리 감역, 사이토 노리코, 요다 타쿠미(依田卓巳) 역(다이아몬드사)

24. 《브랜딩의 과학》 - 바이런 샤프(Byron Sharp) 저, 마에히라 켄지(前平謙二) 역, 카토 타쿠미(加藤巧) 감역(아사히신문 출판)

25. 《브랜딩의 과학 - 신시장 개척 편》 - 바이런 샤프, 제니 로마니욱(Jenni Romaniuk) 저, 마에히라 켄지 역, 카토 타쿠미 감역(아사히신문 출판)

■ 돈·경제·정치

1. 《돈의 시크릿》 - 데이빗 크루거(David Krueger) 저, 간다 마사노리 역(미카사쇼보)

2. 《부자가 되는 과학》 - 월러스 델로이드 와틀즈(Wallace Delois Wattles) 저, 마쓰나가 히데아키(松永英明) 역(젠니치 출판)

3. 《1억 엔을 모으는 방법을 부자 1,371명에게 들었다!》 - 토머스 스탠리(Thomas J. Stanley) 저(분쿄사)

4. 《보통 사람이 이렇게 억만장자가 되었다》 - 혼다 켄(本田健) 저(고단샤)

5. 《유대인 대부호의 가르침》 - 혼다 켄 저(다이와쇼보)

6. 《돈을 마련한다》 - 이치이 아이(市居愛) 저(썬마크 출판)

7. 《개정판 부자 아빠 가난한 아빠》 - 로버트 기요사키(Robert Toru Kiyosaki) 저, 미라네 미호코(白根美保子) 역(치쿠마쇼보)

8. 《현명한 투자자》 - 벤자민 그레이엄(Benjamin Graham) 저, 도미츠 아쓰히로(土光篤洋) 감수, 마스자와 카즈미(増沢和美), 니이미 미호(新美美葉) 역(팬 롤링)

9. 《돈의 현실》 - 오카모토 시로(岡本吏郎) 저(다이아몬드사)

10. 《나의 재산 고백》 - 혼다 세이로쿠(本多静六) 저(실업지 일본사)

11. 《이미 일어난 미래》 - 피터 드러커 저, 우에다 아츠오, 사사키 미치오(佐々木実智男), 하야시 타다시(林正), 타시로 마사미(田代正美) 역(다이아몬드사)

12. 《21세기의 자본》 - 토마 피케티(Thomas Piketty) 저(미스즈쇼보)

13. 《블록체인 레볼루션》 - 돈 탭스콧(Don Tapscott), 알렉스 탭스콧(Alex Tapscott) 저, 타카하시 리코(高橋璃子) 역(다이아몬드사)

14. 《국가》 상하 권 - 플라톤(Plato) 저, 후지사와 노리오(藤沢令夫) 역(이와나미 서점)

15. 《정치학》 - 아리스토텔레스(Aristotle) 저, 야마모토 미쓰오(山本光雄) 역(이와나미 서점)

16. 《사기》 전 8권 - 사마천(司馬遷) 저, 오타케 후미오(小竹文夫), 오타케 타케오(小竹武夫) 역(치쿠마쇼보)

17. 《논어》 - 카나야 오사무(金谷治) 역주(이와나미 서점)

18. 《정관정요》 - 오극(呉兢) 편집, 이와미 키요히로(石見清裕) 역(고단샤)

19. 《실속론》 상하 권 - 카우틸리아(Chanakya) 저, 카미무라 카츠히코(上村勝彦) 역(이와나미 서점)

20. 《군주론》 - 마키아벨리(니콜로 마키아벨리, Niccolò Machiavelli) 저, 가와시마 히데아키(河島英昭) 역(이와나미 서점)

21. 《전쟁론》 상하 권 - 클라우제비츠(Carl Phillip Gottlieb von Clausewitz) 저, 시미즈 타키치(清水多吉) 역(중앙공론신사)

22. 《강맹차기》 상하 권 - 요시다 쇼인(吉田松陰) 저, 콘도 케이고(近藤啓吾) 전 역주(고단샤)

23. 《실패의 본질》 - 토베 료이치(戸部良一), 테라모토 요시야(寺本義也), 카마타 신이치(鎌田伸一), 스기노오 요시오(杉之尾孝生), 무라이 토모히데(村井

友秀), 노나카 이쿠지로(野中郁次郎) 저(다이아몬드사)

24. 《국가는 왜 쇠퇴하는가》 상하 권 - 다론 아제몰루(Daron Acemoglu), 제임스 A. 로빈슨(James Alan Robinson) 저, 오니자와 시노부(鬼澤忍) 역(하야카와쇼보)

25. 《역사극화 대재상》 전 10권 - 사이토 타카오(さいとうたかを) 저, 도가와 이사무(戸川猪佐武) 원작(고단샤)

■ 경영·창업

1. 《성공자의 고백》 - 간다 마사노리 저(고단샤)

2. 《STARTUP》 - 다이애나 캔더(Diana Kander) 저, 마기노 요우(牧野洋) 역(신초샤)

3. 《드러커 명저 1 경영자의 조건》 - 피터 드러커 저, 우에다 아츠오 역(다이아몬드사)

4. 《제로 투 원》 - 피터 틸(Peter Thiel), 블레이크 마스터즈(Blake Masters) 저, 세키 미와(関美和) 역(NHK 출판)

5. 《비저너리 컴퍼니 2 - 비약의 법칙》 - 짐 콜린스(Jim Collins) 저, 야마오카 요이치(山岡洋一) 역(닛케이 BP)

6. 《비저너리 컴퍼니 4 자신의 의지로 위대해진다》 - 짐 콜린스, 모든 한센(Morten Hansen) 저, 마기노 요우 역(닛케이 BP)

7. 《브레이크스루 컴퍼니》 - 키스 맥팔랜드(Keith R. McFarland) 저, 타카하시 유키코(高橋由紀子) 역(고단샤)

8. 《최강 기업의 탄생》 - 알렉산더 오스터왈더(Alex Osterwalder), 예스 피그누어(Yves Pigneur), 프레더릭 에티엠블(Fred Etiemble), 앨런 스미스(Alan Smith) 저, 이마즈 미키(今津美樹) 역(쇼에이샤)

9. 《노려라! CEO》 - 제프리 J. 폭스(Jeffrey J. Fox) 저, 바바사키 스미코(馬場先澄子) 역, 카나이 토시히로(金井壽宏) 감수(반라이샤)

10. 《1만 엔 창업》 - 크리스 길아보(Chris Guillebeau) 저, 혼다 나오유키(本田直之) 역(아스카 신샤)

11. 《Y콤비네이터》 - 레이몬드 스트로스(Raymond Stross) 저, 나메가와 우미히코(滑川海彦), 타카하시 노부오(高橋信夫) 역(닛케이 BP)

12. 《액셀》 - 마크 로베르지(Mark Roberge) 저, 간다 마사노리, 리브 컨설팅

세상을 보는 시각이 달라지는 새로운 독서법

감역, 카도타 미스즈(門田美鈴) 역(쇼텐샤)

13.《고객 성공》- 닉 메터(Nick Mehta), 댄 스테인만(Dan Steinman), 링컨 머피(Lincoln Murphy) 저, 버처렉스 컨설팅(Virtualex Consulting) 역(에 이지 출판)

14.《NEW POWER》- 제러미 하이먼스(Jeremy Heimans), 헨리 팀스(Henry Timms) 저, 칸자키 아키코(神崎朗子) 역(다이아몬드사)

15.《에어비앤비, 구글, 우버는 왜 세계 정상에 설 수 있었을까?》- 알 라마 단(Al Ramadan), 데이브 피터슨(Dave Peterson), 크리스토퍼 로치헤드 (Christopher Lochhead), 케빈 매니(Kevin Maney) 저, 하세가와 케이(長 谷川圭) 역(슈에이샤)

16.《왜 사람과 조직은 변할 수 없을까?》- 로버트 키건(Robert Kegan), 리사 라스코 우라헤이(Lisa Laskow Lahey) 저, 이케무라 치아키(池村千秋) 역(에 이지 출판)

17.《겸허한 컨설팅》- 에드거 샤인(Edgar H. Schein) 저, 카나이 토시히로(金 井壽宏) 감수, 노즈 토모코 역(에이지 출판)

18.《학습하는 조직》- 피터 센게(Peter Senge) 저, 에다히로 준코(枝廣淳子), 오다 리이치로(小田理一郎), 나카코지 카요코(中小路佳代子) 역(에이지 출판)

19.《Get Backed》- 에반 베어(Evan Baehr), 에반 루미스(Evan Loomis) 저, 츠다 신고(津田真吳) 역, 츠시마 다쓰로(津嶋辰郎) 감수(쇼에이샤)

20.《당신은 처음 100일 동안 무엇을 해야 할까》- 니암 오키프(Niamh O'Keeffe) 저, 구로와 아츠시(黒輪篤嗣) 역(일본경제신문 출판)

21.《일단, 규칙을 어겨라!》- 마커스 버킹엄(Marcus Buckingham), 커트 코프 맨(Curt Coffman) 저, 미야모토 요시카즈(宮本喜一) 역(일본경제신문 출판)

22.《원천》- 조셉 자와스키(Joseph Jaworski) 저, 카나이 토시히로(金井壽宏) 감역, 노즈 토모코 역(에이지 출판)

23.《플랫폼 제국의 미래》- 스콧 갤러웨이(Scott Galloway) 저, 와타라이 케 이코(渡会圭子) 역(토요경제신보사)

24.《S커브가 불확실성을 극복한다》- 시어도어 모디스(Theodore Modis) 저, 사무카와 류타로(寒河龍太郎) 역(도큐 에이전시 출판부)

25.《싱크로니시티》- 조셉자와스키 저, 카나이 토시히로 감역, 노즈 토모코 역(에이지 출판)

■ 경영 사상

1. 《블루 오션 시프트》 - 김위찬(W. Chan Kim), 르네 모본(Renée Mauborgne) 저, 아리가 유코(有賀裕子) 역(다이아몬드사)
2. 《생각이 차이를 만든다》 - 로저 마틴(Roger Martin) 저, 무라이 아키코(村井章子) 역(일본경제신문 출판)
3. 《P&G 식 이기기 위해 싸우는 전략》 - A·G·래플리(A.G. Lafley), 로저 마틴 저, 사카이 타이스케 역(아사히 신문사)
4. 《팀이 기능한다는 것은 어떤 것인가》 - 에이미 에드먼슨(Amy C. Edmond-son) 저, 노즈 토모코 역(에이지 출판)
5. 《두려움 없는 조직》 - 에이미 에드먼슨(Amy C. Edmondson) 저, 노즈 토모코 역(에이지 출판)
6. 《비즈니스 모델 제너레이션》 - 알렉산더 오스터왈더, 예스 피그누어 저, 코야마 류스케(小山龍介) 역(쇼에이샤)
7. 《밸류 프로포지션 디자인》 - 알렉산더 오스터왈더, 예스 피그누어, 앨런 스미스(Alan Smith) 저, 세키 미와 역(쇼에이샤)
8. 《시장의 변화에 맞춰 전략을 계속 움직인다》 - 리타 맥그레이스(Rita McGrath) 저, 오니자와 시노부(鬼澤忍) 역(일본경제신문 출판)
9. 《When 완벽한 타이밍의 과학》 - 다니엘 핑크(Daniel Pink) 저, 카츠마 카즈요(勝間和代) 역(고단샤)
10. 《프리에이전트 사회의 도래》 - 다니엘 핑크 저, 이케무라 치아키(池村千秋) 역(다이아몬드사)
11. 《기계와의 경쟁》 - 에릭 브린욜프슨(Erik Brynjolfsson), 앤드류 맥아피(Andrew McAfee) 저, 무라이 아키코(村井章子) 역(닛케이 BP)
12. 《더 퍼스트 마일》 - 스콧 D 앤소니(Scott D Anthony) 저, 츠시마 타츠로(津嶋辰郎), 츠다 신고(津田真吳), 야마다 류야(山田竜也) 감수, 카와마타 세이지(川又政治) 역(쇼에이샤)
13. 《Think Again》 - 애덤 그랜트(Adam Grant) 저(WH Allen)
14. 《GIVE & TAKE》 - 애덤 그랜트 저, 쿠스노키 켄(楠木建) 감역(미카사쇼보)
15. 《ORIGINALS》 - 애덤 그랜트 저, 쿠스노키 켄 역(미카사쇼보)
16. 《린 스타트업》 - 에릭 리스(Eric Ries) 저, 이구치 코지(井口耕二) 역(닛케이 BP)

17. 《워크 시프트》 - 린다 그래튼(Lynda Gratton) 저, 이케무라 치아키(池村千秋) 역(프레지던트사)
18. 《LIFE SHIFT》 - 린다 그래튼, 앤드루 J. 스콧(Andrew J. Scott) 저, 이케무라 치아키 역(토요경제신보사)
19. 《직원의 재능을 키우는 방법》 - 리즈 와이즈먼(Liz Wiseman), 그렉 맥커운(Greg McKeown) 저, 세키 미와 역(바다와 달)
20. 《하버드식 커리어 체인지 기술》 - 허미니아 아이바라(Herminia Ibarra) 저, 미야타 타카코(宮田貴子) 역, 카나이 토시히로(金井壽宏) 감수(쇼에이샤)
21. 《경쟁전략론 강의》 - 판카즈 게마(Pankaj Ghemawat) 저, 오오야나기 마사코(大柳正子) 역(동양경제신보사)
22. 《왜, 그것을 사지 않을 수 없을까》 - 마틴 린스트롬(Martin Lindstrom) 저, 기무라 히로에(木村博江) 역(문예춘추)
23. 《쇼핑하는 뇌》 - 마틴 린스트롬 저, 치바 토시키(千葉敏生) 역(하야카와쇼보)
24. 《싫은 놈일수록 일을 잘한다》 - 프란체스카 지노(Francesca Gino) 저, 사쿠라이 유코 역(일본경제신문 출판)
25. 《하버드류 보스 양성 강좌》 - 린다 A. 힐(Linda A. Hill), 켄트 라인백(Kent Lineback) 저, 아리가 유코 역(일본경제신문 출판)
26. 《하버드식 역전의 리더십》 - 린다 A 힐, 그레그 브랜도(Greg Brandeau), 에밀리 트루러브(Emily Truelove), 켄트 라인백(Kent Lineback) 저, 쿠로와 아츠시 역(일본경제신문 출판)
27. 《사업가의 교과서》 - 스티븐 G 블랭크(Steve Blank) 저, 츠츠미 타카시(堤孝志), 와타나베 사토시(渡邊哲) 역(쇼에이샤)
28. 《스타트업 매뉴얼》 - 스티븐 G 블랭크, 밥 도프(Bob Dorf) 저, 이이노 마사토(飯野将人), 츠츠미 타카시 역(쇼에이샤)
29. 《ONLYNESS》 - 닐로퍼 머천트(Nilofer Merchant) 저, 쿠리키 사츠키(栗木さつき) 역(다이와쇼보)
30. 《알리바바》 - 쩡밍(Zeng Ming) 저, 히지카타 나미 역(문예춘추)
31. 《90일 만에 성과를 내는 리더》 - 마이클 왓킨스(Michael D. Watkins) 저, 이즈하라 유미(伊豆原弓) 역(쇼에이샤)
32. 《TRUST》 - 레이첼 보츠먼(Rachel Botsman) 저, 저세키 미와 역(닛케이BP)
33. 《쉐어》 - 레이첼 보츠만, 루 로저스(Roo Rogers) 저, 코바야시 히로토(小

林弘人) 감수, 세키 미와 역(NHK 출판)

34.《Core Competence 경영》- 게리 하멜(Gary Hamel), C. K. 프라하라드
(C. K. Prahalad) 저, 이치조 카즈오(一條和生) 역(일본경제신문 출판)

35.《경영은 무엇을 해야 하는가》- 게리 하멜 저, 아리가 유코 역(다이아몬
드사)

36.《문화 이해력》- 에린 메이어(Erin Meyer) 저, 타오카 메구미(田岡惠) 감역,
히구치 타케시(樋口武志) 역(에이지 출판)

37.《EA 하버드 표 마음의 매니지먼트》- 수전 데이비드(Susan David) 저, 스가
와 아야코(須川綾子) 역(다이아몬드사)

38.《THIS IS MARKETING》- 세스 고딘(Seth Godin) 저, 나카노 마유미(中
野眞由美) 역(아사 출판)

39.《보랏빛 소를 팔아라!》- 세스 고딘 저, 카도타 미스즈(門田美鈴) 역(다이
아몬드사)

40.《파워 포즈가 최고의 자신을 만든다》- 에이미 커디(Amy Cuddy) 저, 이시
가키 노리코(石垣賀子) 역(하야카와쇼보)

41.《NINE LIES ABOUT WORK 업무에 관한 9가지 거짓말》- 마커스 버
킹엄(Marcus Buckingham), 애슐리 구달(Ashley Goodall) 저(櫻井祐子) 역
(썬마크 출판)

42.《틸조직》- 프레데릭 라루(Frederic Laloux) 저, 스즈키 타츠야(鈴木立哉)
역(에이지 출판)

43.《BE 2.0》- 짐 콜린스, 윌리엄 레지어(William Lazier) 저(Portfolio)

44.《선택의 과학》- 쉬나 아이엔거(Sheena Iyengar) 저, 사쿠라이 유코 역(문
예춘추)

45.《와튼스쿨 인생 특강》- 스튜어트 프리드먼(Stewart D. Friedman) 저, 시
오자키 아키히사(塩崎彰久) 역(고단샤)

46.《실패에서 배우는 성공의 법칙》- 시드니 핑켈스타인(Sydney Finkelstein)
저, 하시구치 히로시(橋口寬) 감역, 사카이 타이스케 역(닛케이 BP)

47.《의욕이 오르는 8개의 스위치》- 하이디 그랜트 할버슨(Heidi Grant Hal-
vorson) 저, 하야시다 레지리 히로후미(林田レジリ浩文) 역(디스커버 트웬티원)

48.《사람에게 부탁하는 기술》- 하이디 그랜트 할버슨 저, 코지마 오사무(児
島修) 역(도쿠마 서점)

세상을 보는 시각이 달라지는 새로운 독서법

49. 《아무도 몰라준다》 – 하이디 그랜트 할버슨 저, 다카하시 유키코(高橋由紀子) 역(하야카와쇼보)
50. 《해내는 사람의 9가지 습관》 – 하이디 그랜트 할버슨 저, 하야시다 레지리 히로후미(林田レジリ浩文) 역(디스커버 트웬티원)

■ 미래·대중과학·아카데믹

1. 《2030년, 모든 것이 가속되는 세계에 대비하라》 – 피터 디아만디스(Peter Diamandis), 스티븐 코틀러(Steven Kotler) 저, 히지카타 나미 역(뉴스픽스 퍼블리싱)
2. 《넥스트 소사이어티》 – 피터 드러커 저, 우에다 아츠오 역(다이아몬드사)
3. 《부의 미래》 상하 권 – 앨빈 토플러(Alvin Toffler), 하이디 토플러(Heidi Toffler) 저, 야마오카 요이치(山岡洋一) 역(고단샤)
4. 《3가지 원리》 – 로렌즈 타웁 저, 간다 마사노리 감수, 카네코 노리코(金子宣子) 역(다이아몬드사)
5. 《싱귤래리티(Singularity)는 가깝다》 – 레이 커즈와일(Ray Kurzweil) 저, NHK 출판 편집(NHK 출판)
6. 《퓨처 오브 마인드》 – 미치오 카쿠(加來 道雄) 저, 사이토 타카오 역(NHK 출판)
7. 《호킹, 우주를 말하다》 – 스티븐 호킹(Stephen William Hawking) 저, 하야시 하지메(林一) 역(하야카와쇼보)
8. 《펜로즈의 비틀린 4차원》 – 타케우치 카오루(竹内薫) 저(고단샤)
9. 《스케일 생명, 도시, 경제를 둘러싼 보편적 법칙》 상하 권 – 제프리 웨스트(Geoffrey B. West) 저, 야마가타 히로오(山形浩生), 모리모토 마사후미(森本正史) 역(하야카와쇼보)
10. 《숨어 있던 우주》 상하 권 – 브라이언 그린(Brian Greene) 저, 타케우치 카오루 감수, 오타 나오코(大田直子) 역(하야카와쇼보)
11. 《중력파는 노래한다》 – 재너 레빈(Janna Levin) 저, 타자와 쿄코(田沢恭子), 마츠이 노부히코(松井信彦) 역(하야카와쇼보)
12. 《흐름과 생명》 – 애드리얀 베얀(Adrian Bejan) 저, 시바타 야스시(柴田裕之) 역(키노쿠니야 서점)
13. 《알지 못하는 사이에》 – 레오나르도 플로디노우(Leonardo Mlodinow) 저,

미즈타니 쥰(水谷淳) 역 (다이아몬드사)

14. 《이 세계를 알기 위한 인류와 과학의 400만 년사》 - 레오나르도 플로디노우 저, 미즈타니 쥰 역(가와데쇼보신사)

15. 《행복을 잡는 전략》 - 토미나가 토모노부(富永朋信), 댄 에이얼리(Dan Ariely) 저(닛케이BP)

16. 《총, 균, 쇠》 상하 권 - 재러드 다이아몬드(Jared Mason Diamond) 저, 쿠라호네 아키라 역(소시사)

17. 《블랙 스완》 상하 권 - 나심 니콜라스 탈레브(Nassim Nicholas Taleb) 저, 모치즈키 마모루(望月衛) 역(다이아몬드사)

18. 《시간은 존재하지 않는다》 - 카를로 로벨리(Carlo Rovelli) 저, 토미나가 호시(冨永星) 역(NHK 출판)

19. 《사피엔스》 상하 권 - 유발 하라리(Yuval Noah Harari) 저, 시바타 야스시(柴田裕之) 역(가와데쇼보신사)

20. 《LIFESPAN》 - 데이비드 A 싱클레어(David A. Sinclair), 매슈 D. 러플랜트(Matthew D. LaPlante) 저, 카지야마 아유미(梶山あゆみ) 역(동양경제신보사)

21. 《DEEP THINKING 인공지능의 사고를 읽는다》 - 가리 카스파로프(Garry Kimovich Kasparov) 저, 소메타야 시게루(染田屋茂) 역(닛케이 BP)

22. 《패스트 & 슬로우》 상하 권 - 대니얼 카너먼(Daniel Kahneman) 저, 무라이 아키코 역(하야카와쇼보)

23. 《진화는 만능이다》 - 맷 리들리(Matt Ridley) 저, 오타 나오코, 카지하라 타에코(鍛原多惠子), 시바타 야스시(柴田裕之), 요시다 미치요(吉田三知世) 역(하야카와쇼보)

24. 《인류와 혁신》 - 맷 리들리 저, 오타 나오코 역(뉴스픽스)

25. 《피터 드러커 경영론》 - 피터 드러커 저, 하버드 비즈니스 리뷰 편집부 편역(다이아몬드사)

세상을 보는 시각이 달라지는 새로운 독서법

■ 영성·종교

1. 《더 시크릿》- 론다 번(Rhonda Byrne) 저, 야마카와 코우야(山川紘矢), 야마카와 아키코(山川亜希子), 사노 미요코(佐野美代子) 역(카도카와)

2. 《더 매직》- 론다 번 저, 야마카와 코우야, 야마카와 아키코, 사노 미요코 역(카도카와)

3. 《이렇게 해서, 사고는 현실이 된다》- 팜 그라우트(Pam Grout) 저, 사쿠라다 나오미(桜田直美) 역(썬마크 출판)

4. 《우주에 능숙하게 부탁하는 법》- 피에르 프랑크(Pierre Franckh) 저, 나카무라 토모코(中村智子) 역(썬마크 출판)

5. 《하루 10분으로 인생은 바꿀 수 있다》- 도린 버츄(Doreen Virtue) 저, 이소자키 히토미(磯崎ひとみ) 역(다이아몬드사)

6. 《성스러운 예언》- 제임스 레드필드(James Redfield) 저, 야마카와 코우야, 야마카와 아키코 역(카도카와)

7. 《인생의 의미》- 캐롤 에이드리언(Carol Adrienne) 저, 스미토모 스스무(住友進) 역(주부의 친구사)

8. 《에메랄드 태블릿》- 조안 드루리(Joan M. Drury) 저, 다나카 에미코(田中恵美子) 역(류오 문고)

9. 《플라워 오브 라이프》- 드룬발로 멜키제덱(Drunvalo Melchizedek) 저, 와키사카 린(脇坂りん) 역(내추럴 스피리추얼)

10. 《22를 넘어서 가라》- 츠지 마리코(辻麻里子) 저(내추럴 스피릿)

11. 《아틀란티스의 예지》- 게리 보넬(Gary Bonnell) 저, 오노 유리코(大野百合子) 역(도쿠마 서점)

12. 《호츠마 이야기》- 토리이 레이(鳥居礼) 저(신센사)

13. 《호츠마로 읽는 야마토타케 이야기》- 이케다 미츠루(池田滿) 저(전망사)

14. 《바샤르 페이퍼 백》전 6권 - 바샤르, 다릴 앙카(Darryl anka) 저, 세키노 나오유키(関野直行) 역(보이스)

15. 《영웅의 여행》- 캐롤 피어슨(Carol S. Pearson) 저, 카가미 류지(鏡リュウジ) 감역, 스즈키 사오리(鈴木彩織) 역(실무교육출판)

16. 《욕심 없는 액막이》- 이카리 노리코(碇のりこ) 저(일본문예사)

17. 《INTEGRAL LIFE PRACTICE》- 켄 윌버(Ken Wilber,), 테리 패튼(Terry Patten), 아담 레오나드(Adam Leonard), 마르코 모렐리(Marco Morelli) 저,

스즈키 노리오(鈴木規夫) 역(일본능률협회 매니지먼트 센터)

18. 《별 사용 노트》 - 카이베 마이(海部舞) 저(SB 크리에이티브)

19. 《일본의 신 카드》 - 오노 유리코(大野百合子) 저(비저너리 컴퍼니)

20. 《에녹의 열쇠》 - J. J. 허탁(J. J. Hurtak) 저, 무라카미 하토루(紫上はとる), 오노 미츠마로(小野滿麿) 역(내추럴 스피릿)

21. 《성경》 - 공동번역 성경실행위원회 저, 역, 일본성경협회 저(일본성경협회)

22. 《A Course in Miracles》 - Foundation For Inner Peace 저(Foundation for Inner Peace)

23. 《에소테릭 티칭》 - 다스카로스(ダスカロス) 저, 마리코 램버트(Mariko Lambert), 해리스 램버트(Haris Lambert) 감수, 스즈키 고쥬(須々木光誦) 역(내추럴 스피릿)

24. 《고사기 전》 - 전 4권 모토오리 노부나가(本居宣長) 선별(이와나미 서점)

■ 역사 소설

1. 《천공의 배》 상하 권 - 미야기타니 마사미쓰(宮城谷昌光) 저(문예춘추)

2. 《태공망》 상중하 권 - 미야기타니 마사미쓰 저(문예춘추)

3. 《관중》 상하 권 - 미야기타니 마사미쓰 저(KADOKAWA)

4. 《안자》 전 4권 - 미야기타니 마사미쓰 저(신초샤)

5. 《맹상군》 전 5권 - 미야기타니 마사미쓰 저(고단샤)

6. 《귀한 재화는 품어야 한다》 전 5권 - 미야기타니 마사미쓰 저(중앙공론신사)

7. 《유방》 상중하 권 - 미야기타니 마사미쓰 저(마이니치신문 출판)

8. 《초원의 바람》 상중하 권 - 미야기타니 마사미쓰 저(중앙공론신사)

9. 《삼국지》 전 12권 - 미야기타니 마사미쓰 저(문예춘추)

10. 《수호전》 전 19권 - 키타카타 켄조(北方謙三) 저(집영사)

11. 《칭기즈 칸》 전 10권 - 키타카타 켄조 저(집영사)

12. 《양가장》 상하 권 - 키타카타 켄조 저(PHP 연구소)

13. 《소설 이세 이야기》 - 타카기 노부코(高樹のぶ子) 저(일본경제신문 출판)

14. 《요시츠네》 상하 권 - 시바 료타로(司馬遼太郞) 저(문예춘추)

15. 《하늘 바다의 풍경》 상하 권 - 시바 료타로 저(중앙공론신사)

16. 《쿠스노키 마사나리》 상하 권 - 기타카타 겐조 저(중앙공론신사)

17. 《나라 훔친 이야기》 전 4권 - 시바 료타로 저(신초샤)

18. 《공명이 쓰지》 전 4권 - 시바 료타로 저(문예춘추)
19. 《도쿠가와 이에야스》 전 26권 - 야마오카 소하치(山岡莊八) 저(고단샤)
20. 《료마가 간다》 전 8권 - 시바 료타로 저(문예춘추)
21. 《타올라라 검》 상하 권 - 시바 료타로 저(신초샤)
22. 《언덕 위의 구름》 전 8권 - 시바 료타로 저(문예춘추)
23. 《로마인 이야기》 전 15권 - 시오노 나나미(塩野七生) 저(신초샤)
24. 《르네상스 여인들》 - 시오노 나나미 저(신초샤)
25. 《소설 이탈리아 르네상스》 전 4권 - 시오노 나나미 저(신초샤)

세상을 보는 시각이 달라지는
새로운 독서법

제1판 1쇄 2025년 2월 28일

지은이   와타나베 야스히로
옮긴이   최윤경
감   수   서승범
펴낸이   한성주
펴낸곳   ㈜두드림미디어
책임편집   신슬기, 배성분
디자인   디자인 뜰채 apexmino@hanmail.net

㈜두드림미디어
등   록   2015년 3월 25일(제2022-000009호)
주   소   서울시 강서구 공항대로 219, 620호, 621호
전   화   02)333-3577
팩   스   02)6455-3477
이메일   dodreamedia@naver.com(원고 투고 및 출판 관련 문의)
카   페   https://cafe.naver.com/dodreamedia

ISBN   979-11-94223-38-2 (03190)